中国科协科学技术创新部
全球科技社团研究系列丛书

高绩效理事会治理模式

［美］贝斯·盖兹利　阿什利·鲍尔斯　著

伊　强　译

中国科学技术出版社
·北　京·

图书在版编目（CIP）数据

高绩效理事会治理模式 /（美）贝斯·盖兹利，（美）阿什利·鲍尔斯著；伊强译 . —北京：中国科学技术出版社，2023.10

书名原文：What Makes High-performing Boards: Effective Governance Practices in Member-serving Organizations

ISBN 978—7—5236—0277—5

Ⅰ.①高… Ⅱ.①贝… ②阿… ③伊… Ⅲ.①社会团体 – 理事会 – 研究 – 美国 Ⅳ.① C237.12

中国国家版本馆 CIP 数据核字（2023）第 142068 号

Copyright © by ASAE: The Center for Association Leadership. *What Makes High-performing Boards: Effective Governance Practices in Member-serving Organizations* is translated and published by agreement with Association Management Press, Washington, DC, USA. All rights reserved.

著作权合同登记号：01—2017—2253

本书中文版由美国社团管理者协会和社团领导力中心授权中国科学技术出版社有限公司独家出版，未经出版社许可不得以任何方式抄袭、复制或节录任何部分

策划编辑	单　亭
责任编辑	向仁军　邬梓桐
封面设计	麦莫瑞
正文排版	中文天地
责任校对	吕传新
责任印制	李晓霖

出　　版	中国科学技术出版社
发　　行	中国科学技术出版社有限公司发行部
地　　址	北京市海淀区中关村南大街 16 号
邮　　编	100081
发行电话	010—62173865
传　　真	010—62173081
网　　址	http://www.cspbooks.com.cn

开　　本	710mm×1000mm　1/16
字　　数	100 千字
印　　张	6.75
版　　次	2023 年 10 月第 1 版
印　　次	2023 年 10 月第 1 次印刷
印　　刷	北京瑞禾彩色印刷有限公司
书　　号	ISBN 978—7—5236—0277—5 / C · 245
定　　价	35.00 元

（凡购买本社图书，如有缺页、倒页、脱页者，本社发行部负责调换）

致 谢

特别感谢美国社团管理者协会（ASAE）[①]基金会研究委员会的委员们对本研究的贡献，包括汉斯·康佰（Hannes Combest），注册社团管理师（CAE）；马克·恩格（Mark Engle），注册社团管理师；格雷格·法恩（Greg Fine），注册社团管理师；克里斯·马哈菲（Chris Mahaffey），注册社团管理师；玛莎·瑞亚（Marsha Rhea），注册社团管理师。还要感谢ASAE前任理事长彼得·奥尼尔（Peter Oneil），注册社团管理师；ASAE首席执行官约翰·H. 格雷厄姆Ⅳ（John H. Graham Ⅳ），注册社团管理师；ASAE常务副会长兼ASAE基金会理事长苏珊·罗伯森（Susan Robertson），注册社团管理师。同时，也要感谢ASAE工作人员切尔西·基拉姆（Chelsea Killam）、沙龙·莫斯（Sharon Moss），基思·斯基尔曼（Keith Skillman），注册社团管理师；以及ASAE顾问杰沙·克斯门（Katha Kissman）和弗朗西·奥斯塔沃（Francie Ostrower）。

[①] 美国社团管理者协会（American Society of Association Executives，ASAE），美国非营利组织，成立于1920年，总部位于美国华盛顿特区，长期致力于为各国非营利组织的高级主管提供学习知识与交流共享平台，帮助提升组织的综合竞争力和可持续性。——译者注

目 录

致谢

前言 ·· 1

结论和主要发现 ·· 2

第一章　有效治理的挑战：背景 ·· 6
　　本书的目标 ·· 8
　　研究框架与理论基础 ·· 9
　　主要内容及适用对象 ·· 10

第二章　社团环境概览 ·· 12
　　调查对象简介 ··· 13
　　组织特征 ··· 13
　　基于特定人群的组织 ·· 14
　　分支机构 ··· 17
　　地域分布 ··· 17
　　外部动力 ··· 18
　　人员配备 ··· 20

第三章　理事会规模、结构和选举 ··· 23
　　理事会规模：寻找"最佳平衡点" ···································· 23

代表性要求：纳税身份和使命至关重要……………………………26

理事会成员的提名、筛选和选举……………………………………29

内部提名与外部提名流程比较………………………………………30

筛选优秀的理事会成员候选人………………………………………30

选举……………………………………………………………………31

差额选举………………………………………………………………32

寻找合格的理事会成员………………………………………………33

直接任命：谨慎行事…………………………………………………34

理事会CEO的角色：避免利益冲突？………………………………35

理事会的任期：大多数组织的推荐做法……………………………36

理事会成员的流动：保持适当的平衡………………………………38

理事会规模：保持合理适度…………………………………………40

第四章　理事会的运作规范和决策制定……………………………42

理事会会议次数和性质………………………………………………42

决策是如何做出的……………………………………………………44

谁来完成工作…………………………………………………………48

理事会如何安排会议时间……………………………………………49

理事会要聚焦战略目标………………………………………………50

第五章　"有效治理"实践………………………………………………52

坚持公开透明…………………………………………………………54

审慎履行责任…………………………………………………………56

确保理事会成员做好准备工作………………………………………57

理事会绩效自我评估…………………………………………………60

工作人员对理事会的支持越多越好吗 …………………………… 62

第六章　CEO 如何评价理事会绩效 ………………………… 64
　　绩效测量标准 …………………………………………………… 65
　　CEO 对理事会与利益相关方关系的评价 ……………………… 66
　　CEO 对理事会绩效的评价 ……………………………………… 67
　　理事会绩效的基本观测维度 …………………………………… 68
　　影响理事会绩效的多种因素 …………………………………… 70
　　外部环境与理事会绩效 ………………………………………… 71
　　结构因素与理事会绩效 ………………………………………… 72
　　管理水平与理事会绩效 ………………………………………… 73
　　员工能力与理事会绩效 ………………………………………… 77
　　战略规划与理事会绩效 ………………………………………… 79
　　理事会与学习型文化 …………………………………………… 81

第七章　"有效治理"的典范 ………………………………… 84
　　结论与展望 ……………………………………………………… 86

附录 A　方法论 ……………………………………………………… 88

附录 B　图表目录 …………………………………………………… 91

参考文献 ……………………………………………………………… 94

作者简介 ……………………………………………………………… 99

前言

那些拥有付费会员的社团,为社会提供广泛的多元化的服务,其范围从专业协会和职业协会,到行业协会、文化艺术机构、工会、生产合作社、体育和娱乐俱乐部、商会、社交俱乐部和联谊会、研究会和学会等。尽管人们对它的研究可能不如慈善机构那么丰富,但它们同样也是由理事会领导的组织,高绩效的治理对其而言也非常重要。

本项研究为理事会的高效治理提供了一个有效的方案,不再仅依靠趣闻轶事和传统经验。换句话说,我们将要证明,高效的治理模式不仅仅是依赖理事会的规模。面向对基准管理感兴趣的读者,我们首先要分析和统计各类组织所推荐的理事会治理实践,关注其频率和变化。在我们的报告中,组织的任务、规模或纳税身份同等重要,但不要过于期望这些组织的结构与你预期的一样。我们利用定量分析(以清晰和易于理解的方式)进一步发现,无论在组织规模、人员配置、纳税身份和其他环境方面有多大的差异,都需要进行有效治理。这些研究结果将有助于你理解组织内高绩效理事会的行为模式,这些行为模式是有意而为的,并不受社团部门设置或能力高低的影响。

结论和主要发现

本书的研究是 ASAE 基金会与印第安纳大学在 2012 年 11 月至 2013 年 2 月开展的，对 1585 家非营利组织的首席执行官（CEO）和执行理事进行了调查研究。利用 ASAE 会员和分层随机抽样的非 ASAE 会员样本，我们梳理总结了美国本土不同财务状况的会员制非营利组织的理事会治理状况（仅限于在税务局提交了 990 号信息申报表的组织，而且这些组织至少有一名专职工作人员；误差范围：2%～3%）。

在调查过程中，这些社团中的主要工作人员（也包括现任 CEO）回答的问题包括组织环境、理事会结构、理事会的选举程序，民主协商过程和现行治理模式，理事会与专职团队的关系，会员状况、分支机构、其他利益相关方，以及理事会发展与自我评估方法、理事会对 CEO 的绩效评估。后续相关财务数据均直接来源于税务局 990 号表格的记录，因此我们可以根据预算规模对组织进行比较。

具体内容详见后文，以下是我们的主要发现。

社团的多样性意味着，高绩效的理事会治理不存在放之四海皆准的唯一模式。

会员服务是一项规模庞大、多样化的、复杂性突出的工作，这就决定了社团治理方式和方法的多样性。环境的竞争性、地域范围、自身结构的复杂性以及预算的变化等，影响的不仅仅是理事会规模和结构，而且也制约着理事会招募会员的能力，影响理事会赖以运作的专职团队的稳定性。

纳税身份、成立时间、会员结构是影响理事会的重要因素。

例如，根据美国税法第501（c）（3）条款认定的慈善组织和第501（c）（6）条款认定的企业联盟中，有一半的组织不实行差额选举；大多数501（c）（5）条款规定的劳工组织也同样如此，而且大多数以分支机构为基础的组织也是这样。相较于企业联盟，四倍以上的劳工组织允许CEO在理事会上投票。成立时间较短的社会组织，其员工和理事会人员流动率较高，并且会员数量和预算的增长也较快。

吸纳新理事会成员仍然是一个挑战。

大多数CEO都认为找到能胜任的理事会成员较为困难。在对理事会成员的素质要求中，最重要的是他们应有充足的时间投入理事会工作，具有战略思维和领导能力、筹款或捐赠的能力，并能认同组织使命。虽然任职期限对理事会健康发展起到重要作用，但吸纳新理事会成员仍具挑战。

许多理事会对绩效评估的重视程度有限。

虽然大多数社团理事会遵循着专业书籍中建议的部分或全部治理方法，但我们仍然发现了其中还有很多差距。过半数的理事会没有设定绩效目标或评估自己的绩效表现。六分之一的理事会允许组织直接任命下属，我们发现这一做法往往与理事会功能不健全有关。五分之一的理事会不去考评他们的CEO和直接对理事会负责的工作团队。

高绩效理事会高度聚焦社团发展战略。

过半数社团的理事会至少用25%的会议时间去思考和讨论社团发展战略，理事会三分之二的工作是和工作人员共同制定战略规划。在调查中，几乎所有战略高度聚焦的社团，其CEO对理事会绩效的评价都较高。

高绩效的理事会与社团的成长息息相关。

当社团的会员人数或经费不断增加时，其理事会在大多数绩效指标上的评价会很高。虽然我们需要更多的信息来了解CEO们是否是用高评价来奖励那些发展较好的理事会，或者说健康的理事会是否可以将业绩的增长归功于自己。但强有力的理事会与组织的业绩密切相关。

对员工进行培训是有价值的。

员工的专业培训有助于提升理事会治理绩效。例如，我们认为ASAE成员组织比非ASAE成员组织更多地使用了理事会研发的工具。专职员工大部分时间花费在对理事会的支持方面，用于报告理事会自身问题的时间比例降低，如开会时达不到法定人数、理事会成员提前离会等问题。

用于理事会发展和培训的投入物有所值。

CEO的评价表明理事会的培训和发展与理事会的高绩效密切相关。

员工流失率与低绩效的理事会有密切关系。

近一半的受访者认为，他们想要离职（在未来三年内离职的比例可能是29%）。而计划离开的CEO们，都会对理事会绩效表示强烈不满。

理事会规模固然很重要，但理事会的战略聚焦更为重要。

理事会规模大好还是小好，一直是争论的焦点。我们发现较大规模的理事会更容易被认为是高绩效的，而规模小的理事会，更容易被认为难以寻找能胜任的工作人员，而且有更高的人员流动性。但我们也发现，理事会人数在12~20人的社团财务表现更为健康，它们比那些更大或更小的理事会更容易于采用有效治理的实践模式。我们认为，有两个因素会影响理事会能力：一是理事会规模要足以履行其责任；二是精心设计结构，即那些有意限制理事会规模的组织也是在遵循广为推荐的有效治理模式。

基于上述信息，我们提出下面这些建立高绩效理事会的核心建议：

谨慎遴选理事会成员

▶ 遴选理事会成员的方法很重要，外部委任和提名制约着理事会履行管理职责和受托责任的稳定性。

▶ 竞争性选举能使理事会成员之间的关系更加积极。

▶ 对理事会成员候选人进行资格审查是构建高绩效理事会的最重要路径。

▶ 具有多样性和广泛代表性的理事会，会在透明度、战略绩效和内部问责方面略占优势。

结论和主要发现

▶ 合理的任期限制有利于建设强有力的理事会，但任期太短会难以有效评价其履职绩效。

对员工进行理事会支持方面的培训

▶ 理事会的表现取决于稳定、专业的人员配备。

▶ 获得 ASAE 会员资格和 CAE 认证，是提升 CEO 履职能力的简单而有效的途径。

▶ 对比一个有工作经验的人和一个接受过社团管理培训的人，这两种经历都有利于 CEO 的履职，但接受过培训的人能取得更好绩效，往往任期也更长。

战略性思维

▶ 战略定位越准，理事会绩效就越好。即使是理事会在战略思考和规划上花费时间不多，也比那些不进行战略规划的理事会绩效更好。

▶ 与纠结战略规划制定是由员工主导还是由理事会主导相比，战略规划的缺失给理事会绩效带来的问题更多。

践行学习型和问责型的组织文化

▶ 通过选择自我评估工具来提高理事会的考评得分，远不如恪守平时作出的承诺重要。

▶ 比较理事会所开展的活动及活动数量，我们发现有充分的理由把经费用于理事会培训和组织发展。

第一章 有效治理的挑战：背景

有没有高绩效运作理事会的秘诀呢？

当前，大多数社团领导人（包括理事会成员和工作人员）都承认，非营利组织的有效治理是一个挑战。一些治理方面的专家甚至指出："大多数非营利组织理事会的有效治理是罕见的、非常态的。"在21世纪，对理事会的治理需要的不仅仅是良好意愿和达成使命的热情。理事会必须明确组织的战略方向，提供积极的监督以确保完成受托责任，并满足他们的利益相关者对组织资源合理利用的期望（理事会资源[①]，2010）。理事会成员当然也发挥着一系列的实际作用，例如在规划制定和绩效管理方面提供专业建议，在规划实施中与专职团队并肩作战，参与组织外部关系建立等工作。

在公众、媒体和监管机构的监督下，人们期待社团的理事会成员在日益透明的环境中履行职责。此外，理事会还要承担满足会员期望的责任。对于某些非营利组织来说，这些期望并没有得到满足。一旦出现丑闻事件，非营利组织的治理就成为"头条新闻"广受关注。（Chait、Ryan和

[①] 理事会资源（BoardSource），美国非营利组织，成立于1988年，旨在为非营利组织理事会和秘书处提供服务和支持，包括各类治理工具、资源和研究数据，从而提高理事会效率和组织影响力。——译者注

Taylor，2005，XV）。

履行法律职责可以确保理事会不违法，但是一个合法合规的理事会不一定是一个高绩效的理事会。实现高绩效目标任重道远。研究发现，高绩效的理事会在规模、形式和结构上没有放之四海而皆准的模式。研究表明，理事会能够影响非营利组织的效率，尽管还没完全弄清是如何影响的（Herman和Renz，2008）。

无论怎样，以往的研究文献告诉我们，强有力的理事会一般具有以下特征：

1. 高绩效的理事会具有学习型组织的特征。学习型组织及其理事会重视自我评价，根据绩效目标评估工作进展，支持组织的学习与成长［参见《成功之道——协会运营的七大法则》（*Measures of Success*）］。高绩效的理事会更关注过程中问题，例如决策是如何做出的，以及对理事会的发展和管理方面的投入是否充足。他们明白，无论选择什么样的规模、人员构成和决策结构，与作为一个治理主体推动有效决策的手段相比，结构并不那么重要。

2. 高绩效的理事会具有勇于担当的素养（Holland和Jackson，1998，132-133）。他们对自己的表现负责，对工作方式负责。他们以身作则，为员工和其他利益相关方树立榜样，使理事会具有良好的驱动力和凝聚力。他们与组织会员、分会和工作人员间建立了良好的关系，并确保自己有足够的专职团队，获得各方面的支持。

3. 高绩效的理事会能够识别并遵循那些行之有效的做法。我们不会称它们为"最佳实践"，原因是他们无论为哪一家组织工作，其所处背景和环境可能都会改变。高绩效的理事会能参考那些日益丰富的关于有效治理的研究文献。读者只需要看一下本书的参考书目，就可以了解到这些年来已积累了很多宝贵的资料可供理事会参考。研究发现，尽管还不清楚到底是优秀的组织孕育了优秀的理事会，还是优秀的理事会打造了更强大的组织，但是那些有效治理实践对理事会确实非常重要（Herman和Renz，1999）。

本书的目标

即然关于非营利组织治理的出版物已经有那么多了，我们为什么还要再出这一本？迄今为止，几乎所有关于非营利组织治理的研究都是针对美国联邦税法第501（c）（3）条的慈善机构进行的。鉴于其公益属性，关注这些慈善机构理事会的有效性是非常重要的，有效治理对于赢得公众信任至关重要。

所有的非营利组织，包括协会在内的互益性组织，都特别依赖具有志愿性的理事会。而关于理事会是什么样子的以及它们如何运作的研究却相当有限。本研究填补了社团领域理论研究的空白，并为社团管理者提供了关于有效治理新进展的数据资料。

> 什么是"社团"？
>
> ASAE认为，社团是具有以下特点的非营利组织：①持有免税资格；②在其国税局990号表格中报告了会费收入。虽然这些组织可能称自己为"协会"，但在本书中我们一般采用更具包容性的术语即"社团"。
>
> 本书中提到的社团，指的是所有为不同会员提供广泛服务的非营利组织（详见附录A）。这些组织包括各类专业和职业协会、行业协会，会员制的艺术和文化机构、工会组织、体育和娱乐俱乐部、生产合作社、商会、社交联谊会、研究会和学会等。这些组织涵盖了社会的各个领域，它们可按照联邦税法中规定的不同类型非营利组织的制度来管理，包括501（c）（3）、（c）（4）、（c）（5）、（c）（6）、（c）（7）或（c）（8）条款等。

本研究梳理了协会以及其他社团现行治理实践，这在美国尚属首例。我们的目标是对一系列有效的治理实践提供证据驱动和特定的背景支持，这将有助于协会理事会做好充分准备去承担作为受托人和管理者的责任。正像戴维·伦兹（David Renz，2013）所发现的一样，"在'非营利'部门中，太多的人仍然把他们对理事会工作的理解建立在趣闻轶事、传统经验和过往的范例上"。在社团领域，许多观察家们也呼吁要采取更多的证据驱动的实践模式。

研究框架与理论基础

高质量的理事会治理（社团可以信赖的那种）往往是行业/领域所特有的。事实上，许多学者也已经观察到，需要进行更多的背景分析、相互比较和特定行业的治理研究（Cornforth，2011）。因此，本研究旨在对类似的组织进行比较研究，从而促使其相互学习和借鉴。

治理被定义为非营利组织理事会所拥有的法定权力，是基于集体行动的行为。我们的目标是了解和分析理事会作为一个治理主体是如何运作的，所以我们的调查问卷要求工作人员把理事会视为一个整体进行评估，而不是作为个人来评估。本研究还发现，理事会在评价自己的时候往往不如第三方的评估客观，所以我们的调查问卷发放给了各协会的CEO（或执行理事）。

除此之外，本研究的重要目的之一是呈现受到组织自身特定环境影响的理事会绩效。换句话说，理事会及其社团都是由内部和外部环境决定的。如图1.1理事会"系统"示意图所示，一个社团的有效治理能力首先取决于与能力相关的组织特征，包括使命、规模以及会员变化趋势。这些影响了理事会的结构和运作规范，但又保障理事会绩效的实现。这就是目前非营利组织研究人员所推荐的有效治理方法，因为它考虑到了影响组织发展的所有可能性（参见Ostrower和Stone，2010；Miller-Millesen，2003；Cornforth，2011）。需要注意的是，我们并不期望每一个会员服务型组织创建相同的治理方法，而是要根据自己的使命、章程、人员配置等因素做出选择。

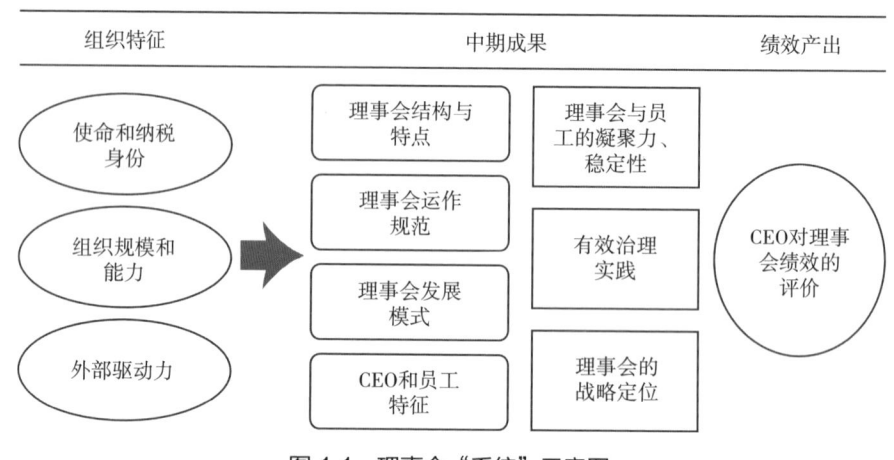

图 1.1 理事会"系统"示意图

主要内容及适用对象

本书使用调查数据来说明高管对理事会取得高绩效的评价。我们还利用调查来识别严重影响理事会正常运作的问题以及解决这些问题的可行方案。我们就 ASAE 会员和非 ASAE 会员的理事会结构、理事会成员遴选、问责和管理实践等方面提供了可比较的基准数据。结果是经过加权处理的，以便为 ASAE 会员和非会员尽可能提供具有代表性的治理模式。

研究结果可以为非营利领域的社团提供相关的治理信息。无论在什么样的协会任职，作为执行机构成员或理事会的成员，本书都对你大有裨益。虽然我们把大部分调查结果汇总在一起进行报告，但是我们对每一个调查问题都进行了单独分析，包括纳税身份、社团活动领域、地域以及组织特性等重要内容。本书也有关于行业协会、专业协会和职业协会的研究报告，以及主要为个人服务的社团和主要为机构服务的社团（如行业协会）的研究。但是，我们只在有显著差异和值得评论的时候才提及。在大多数情况下，读者会发现不同组织类型之间的相似性多于差异性。

方法论

这些数据来自对 1585 家非营利组织 CEO 的线上调查。包括所有 ASAE 会员单位的 CEO，此外还采用分层随机抽样方法邀请非 ASAE 会员的协会参加本次调查。将非 ASAE 成员纳入研究的标准是，总部位于美国，提交 990 号信息报表，有来自会员会费的收入，并且至少有一名专职工作人员。将本次调查限制在有专职工作人员的组织中，使我们能够充分研究理事会和工作人员之间的关系。但是，只针对至少有一个专职人员的社团进行研究，其研究结果的普适性也受到了限制。

2012 年 11 月至 2013 年 2 月，我们开展了一项 15 分钟的调查。调查的问题涉及一系列组织治理问题，包括组织环境，理事会结构，理事遴选程序及挑战；民主协商过程及其采用的治理模式；理事会与工作人员、会员、分会及其他利益相关方的关系；理事会发展和自我评估实践以及 CEO 对理事会的绩效评价等。随后，我们从税务局 990 号表格系统直接导出每家组织相应的财务信息。

经过一封预告知电子邮件、三封提醒电子邮件和一封正式邮递提醒之后，并删除了不符合条件的组织样本，最终调查回复率为 12%。为了得到更具有普遍性的结果，该研究的设计非常谨慎，包括人工审核、大范围预测试，以及根据人群的几个已知特征进行加权分析，总体结果可以推广到类似的组织，误差率只有 2%～3%。

有关研究方法的详细资料，请参阅附录 A。

第二章　社团环境概览

本章介绍了社团理事会所面临的挑战。我们要求这些组织中的CEO和执行理事，从竞争环境、成长、会员以及其他组织特点描述他们所处环境。调查对象的情况见表2.1、表2.2。

表2.1　CEO培训和经历

曾服务于理事会或专业委员会	28%
在其组织所服务的领域受过培训或教育	52%
接受过社团专业培训或教育	37%
拥有注册社团管理师资格	21%
其他社团管理资格证书	12%

表2.2　CEO离职意向

计划在3年内离职	29%
计划离开，但不确定何时	15%
不确定	11%
没有离职计划	45%

调查对象简介

在回答这项调查问卷的工作人员中，主要是CEO和执行理事，其中95%的人从事有偿工作（注意，强调受薪工作人员是本研究设计的一部分）。

在就职该组织之前，有28%人曾在理事会或专业委员会有过任职经历。52%的人称自己曾经在其组织服务的领域接受过培训或教育，而37%的人称自己曾接受过社团的专业培训或教育。21%的人持有ASAE认证的注册社团管理师资格，12%的人持有其他社团管理证书。

调查对象中，有一半的受访者任现职不到6年时间，更有四分之一的人任现职时间不到3年。他们在非营利组织领域有平均18年的工作经历，经验丰富。

我们还发现，其他非营利组织研究中也有高流动率问题。接近一半的现任CEO或执行理事打算离开自己的岗位，29%的人打算在未来的3年内离职，15%的人处于犹豫不决状态，不知自己何时离开。当然，还有11%的人不确定，45%的人不打算离职。这一信息非常重要，因为之前的研究表明，对理事会不满意是CEO们离职的主要原因（Cornelius，等，2011）。

组织特征

表2.3至表2.9描述了参加调查的组织状况。如表2.3所示，多数社团都是没有附属分支机构的单一组织（59%），少部分是分支机构（17%）或分支机构的上级组织（24%）。这一信息反映了非营利组织领域社团治理的复杂性。

表 2.3　参加调查的组织状况

请描述您在本次调查中所报告的组织	0%　　　　100%	
没有附属机构、分支机构或分部的单一组织	59%	
其他附属机构、分支机构或分部的上一级机构或财务代理机构	24%	
属于附属机构、分支机构或分部，但与上一级机构分别提交税务局 990 表单	17%	

社团的另一个特点是既可以服务个人会员，也可以服务单位会员。那些主要服务于企业的组织通常被称为"行业协会"，尽管他们可能不会这样自我定位，这类组织占调查样本的 28%。另外 43% 的组织服务于个人会员，剩下的 29% 既为个人会员也为单位会员服务（表 2.4）。

表 2.4　组织会员资格

以下哪个最能说明组织的会员类型	0%　　　　100%	
组织主要服务于或仅为个人会员	43%	
组织主要服务于团体会员或公司	28%	
组织服务对象既包括个人会员，也包括团体会员	29%	

基于特定人群的组织

在那些为个人服务的组织中，其中 11% 的受访者来自"基于特定人群的组织"，即那些基于种族、阶级、宗教、退伍军人、性别、性取向或其他特征而成立的组织。之所以统计这些信息，是因为我们希望这些组织更加关注其理事会的多样性。

表 2.5、表 2.6 和图 2.1 显示了社团的使命和纳税身份存在的多样性。绝大多数组织是属于各种行业协会（36%），小部分组织是服务于学术研究

（6%），护理、金融、工程等职业团体（30%），还包括市民组织和联谊会（12%），以及倡议性组织（2%）。此外，有14%属于慈善组织，即从事直接服务，但有会员基础，如历史学会、博物馆、青年机构、社区中心、私立学校、基督教青年会等。最后一类最能代表整个慈善部门任务的多样性。

在这36%自称行业协会的组织中，有52%是从事制造业、矿业及与其相关的专业服务，或者是从事其销售领域的服务，从事工程和技术领域服务的达到10%，从事金融业的占8%，从事健康或医疗领域的占7%，从事教育的占6%，从事农业的占6%，从事公用事业的占6%，从事政府或执法领域服务的占3%。在那些职业性社团中，从事医疗行业的占33%，从事教育的占17%，从事商业领域的占16%，从事工程和科学的占8%，从事公共部门服务的占7%，从事金融业的占6%，从事法律服务的占6%，从事农业的占3%等。

表2.5　组织的目标

下列哪个选项最能体现贵组织的主要目标和定位？		0%	100%
研究会或学术性社团	6%		
职业/专业学会	30%		
行业协会	36%		
市民组织、兄弟会、俱乐部或服务型组织	12%		
提供直接服务	14%		
公共卫生研究/倡议组织	1%		
政策倡导组织	1%		

根据501（c）(3)条款认定的慈善与教育类组织和根据501（c）(6)认定的企业联盟（表2.6），其纳税身份各不相同。这些组织的纳税身份如下：大约四分之三的商会被归类到501（c）(6)条款的组织里，而职业性社团则归类到501（c）(3)到501（c）(6)中，学术性社团几乎完全划分501（c）(3)类型中，大约一半的市民组织和联谊俱乐部类的组织归类在

501（c）(7）条款，而其余的则归类到501（c）（3）条款。

在受访的组织中，63%的服务对象是私营部门，19%主要服务于公共部门，而15%的组织主要服务于非营利组织（图2.1）。

表2.6 纳税身份

请确认您所报告的组织的纳税身份	0%	100%
501（c）（3）（慈善、宗教、教育、科学）	40%	
501（c）（4）（社会福利，宣传）	3%	
501（c）（5）（劳工、农业）	5%	
501（c）（6）（商业联盟）	43%	
501（c）（7）（社会，休闲俱乐部）	6%	
美国其他［501（c）（8），501（c）（9）等组织］	3%	

你的会员在哪个领域工作？*

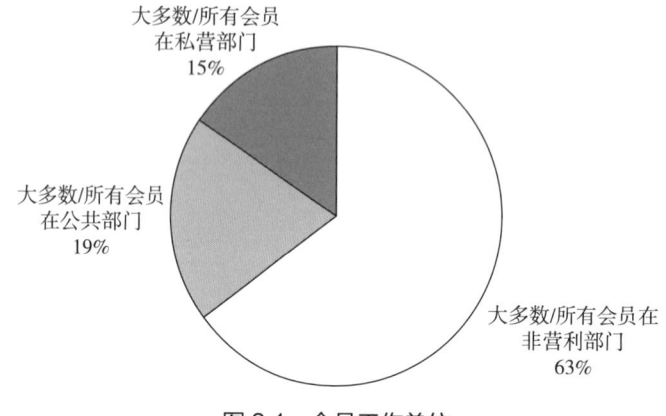

- 大多数/所有会员在私营部门 15%
- 大多数/所有会员在公共部门 19%
- 大多数/所有会员在非营利部门 63%

图2.1 会员工作单位

*根据上述方式统计总和不会达到100%。

分支机构

调查样本中有45%的社团是没有分支机构的单一组织。在职业协会和行业协会中设立分支机构（或分部），是很常见的，这为社团提供了更广泛的地域代表性，使社团更能聚焦地方需求。在55%拥有分支机构的样本中，中位数为50个分会。总的来说，20%的社团成立分支机构不到10个，另外有25%的社团有10~38个分支机构，25%的社团有39~116个分支机构，20%的社团有117~850个，其余10%有900~6000个分支机构。

地域分布

我们预期会员的地域分布状况会对理事会的结构和决策程序有很大的影响。一些国际性组织（占该领域9%）可能更多地依赖于电子投票并尽可能地减少理事会会议。全国性组织（占调查样本的30%）也可能在理事会服务的后勤方面遇到困难，而地方性、州或区域性的组织（61%）可能存在地域上的优势（表2.7）。

表2.7 会员地域分布

下列哪个选项最能反映贵组织会员的地域分布？	0% ~ 100%
非全国性的：分布在美国境内的部分地方、州或地区	61%
全国性的：所有或绝大部分会员分布在全美各地	30%
国际性或全球性的：超过四分之一的会员来自其他国家	9%

外部动力

我们希望发现会员变化趋势和 CEO 如何评价理事会绩效之间的关系，原因有两个方面。首先，组织的良好状况（往往体现在会员数量的增加或财力的增长上）可能会影响 CEO 对理事会绩效的评价。但我们也希望这些组织的外部环境能够影响理事会成员的更新和其他内部驱动因素。一个快速成长中的组织可能更易成功吸引和留住强有力的理事会团队。一个在充满竞争环境中运作的组织，必须大力招募会员，需要更多投入才能打造一个强大的、有能力的理事会。

如表 2.8 和表 2.9 所示，37% 的 CEO 表示过去五年中，会员人数增加了（我们选择这个时间段是为了涵盖最近所有的经济衰退），46% 的 CEO 表示组织财务预算增加了。少数 CEO 表示本组织会员数减少（25%）或财务预算（21%）下降了。同样数量的 CEO 认为，他们的会员数量（32%）和预算（27%）相当稳定，而 6% 的 CEO 认为，他们的会员数量有增有减或认为难以描述。有趣的是，只有略多于一半的受访者表示他们的预算和会员呈增长或下降模式（表 2.10）。当我们请求他们评估一下本领域或行业的会员之间竞争程度时，近三分之二受访者都提到环境竞争激烈（其中 20% 的受访者认为竞争性强，43% 认为竞争性一般，表 2.11）。

表 2.8 会员发展的总体状况

近五年你的组织会员增长总体状况如何？		0%　　　　100%
会员不断增长	37%	
会员没有增长/稳定	32%	
会员规模下降	25%	
有增有减/很难说清	6%	

表2.9 财务预算增长的总体状况

近五年组织财力状况如何?		0%　　100%
财务预算增长	46%	
没有增长/预算稳定	27%	
财务预算下降	21%	
有增有减/很难说清	6%	

表2.10 会员与预算增长状况交叉列表

	财务预算增长	没有增长/预算稳定	预算下降	有增有减/很难说清	总计
会员规模增长	29%	5%	2%	1.5%	37.5%
没有增长/会员规模稳定	12%	12%	6%	1.5%	31.5%
会员规模下降	4%	7%	12%	1.5%	24.5%
有增有减/很难说清	2%	2%	1%	1.5%	6.5%
总计	47%	26%	21%	6%	100%

表2.11 本领域或本行业会员之间的竞争程度

怎样评价本领域或本行业会员之间的竞争水平?		0%　　100%
高度竞争	20%	
中等竞争	43%	
零竞争	35%	
不知道	2%	

据统计，职业协会和专业协会的会员增长（43%）和预算增长（50%）都比平均水平要好，一些研究会和学会（37%的会员增长率和58%的预算增长率）也同样如此。而行业协会的会员增长（33%）和预算增长（43%）低于平均水平，这是经济不景气带来的结果。

人员配备

人员配备状况与理事会的绩效有着很大关系。事实上，人员的配置对有效治理实践的影响，可能比其他任何因素都大。例如，我们认为，拥有专职工作人员的组织比志愿者驱动的组织有更多的时间和培训来支持有效治理。人员队伍不稳定将对理事会绩效提升构成挑战，也许是由于外部原因，如理事遴选的挑战，但也有内部原因，如工作人员的能力，或者是因组织机能障碍带来的人员流失。至于影响理事会绩效的其他因素，可能不那么容易预测。例如，外部管理咨询公司会给理事会提供专业化的支持，但是否也会限制理事会与员工的良好互动？

在我们调查的社团中，全部是专职人员的占多数（84%），专职人员和志愿者相结合的占6%，主要依赖志愿者的占7%。还有少数组织雇用外部管理公司（3%）（表2.12）。我们还研究了人员数量结构，其中17%的组织雇用了26名或更多的员工，21%的组织雇用11～25名员工，20%的组织雇用了6～10名员工。其余42%的组织雇用了5名或更少的员工（表2.13）。虽然组织类型不同（如行业协会、学会），员工的规模也各不相同，但是组织员工的配置方式却很相似。

表2.12　组织人员配置

		0% 100%
主要/全部是专职人员	84%	
主要/全部是志愿者	7%	
专职人员和志愿者相结合	6%	
服务外包专业管理公司	3%	

在员工队伍稳定性方面，56%的受访者表示，在过去五年中，他们的主要核心人员（包括他们自己）很少或根本就没有离职现象。约有三分之一的受访者表示员工流失率适中，其余12%的受访者则认为人员流失率高，甚至涉及一半以上的关键岗位。不同社团的员工离职率差别不大。

表2.13　组织人员数量（全职）

		0%　　　100%
0~2名工作人员	18%	
3~5名工作人员	24%	
6~10名工作人员	20%	
11~25名工作人员	21%	
26名以上工作人员	17%	

包括CEO在内，你会如何形容你的组织内骨干员工近五年的流失率？

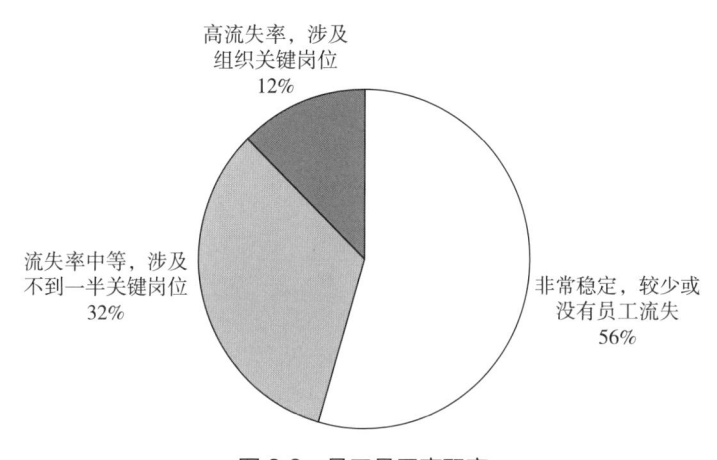

图2.2　员工骨干离职率

比较人员结构与人员流失率，数据显示，服务外包给管理公司和使用合同制员工的组织最为稳定，人员流失率最低（表2.14）。依靠自己员工的组织，其人员流失率适中的占比四分之一到三分之一。随着人员规模的增加，人员流失率仅有小幅下降。

有趣的是，从人员配置角度来看，最不稳定的组织同样也是那些依赖专职人员和志愿者的组织。事实上，CEO 产生离职意向的原因与员工数量毫不相关，却与员工结构类型有关。来自依赖志愿者或志愿者与专职人员混合社团的 CEO，其痛苦指数是其他组织的两倍。这一结果表明，领导志愿者驱动的组织难度更高。

表 2.14　人员流失率（横向）与人员配置结构的关系（纵向）

	低流失率	中等流失率	高流失率，影响到组织关键岗位	总计
主要/全部是专职人员（82%）	55%	33%	12%	100%
主要/全部是志愿者（6%）	57%	27%	16%	100%
专职人员和志愿者的混合（6%）	53%	27%	20%	100%
服务外包专业管理公司	80%	18%	2%	100%
总计	56%	32%	12%	100%

第三章 理事会规模、结构和选举

要全面了解有效治理的驱动力，首先要了解理事会的基本特征，包括平均规模、任期届次以及理事会成员对会费和多样性的期望。我们还调查了提名和选举程序，研究了作为一名合格理事会成员所要应对的各种挑战。

理事会规模：寻找"最佳平衡点"

除了社团外，其他非营利机构也对理事会最佳规模的进行了大量的讨论。许多组织已经形成了规模较小的理事会（有时称为"企业模式"），以便争取更大的灵活性，并确保所有理事会成员在履职时能获得较好的培训和支持。一位企业模式的支持者建议，理事会可以和上市公司一样保持在4～10人的规模（Lipman和Lipman，2006）。

关于非慈善类社团理事会规模的学术研究很少。非营利部门委员会[①]和联合劝募（United Way）的会员指南规定，慈善机构至少有五名理事会成员来履行受托业务。但是治理专家也评论说，不存在那样一个完美的数字

主要发现

· 社团理事会的规模差别很大，为 3～118 人不等，中位数是 15 人，最集中的区间是 12～15 人。规模在 12～20 人的理事会，与那些更小的或更大的理事会相比，更有可能被推荐为实现有效治理最佳规模，这类理事会也代表着组织的会员和预算得到良性增长。

· 近三分之一的社团对理事会的席位构成方面提出了多样性或代表性的要求，但这些要求的内容更可能是关于会员身份或地域方面的，而不是关于性别、种族或其他可能改善传统上被低估的群体参与的人口统计学特征。

· 四分之三的社团在选举之前都会对外展示理事会愿景。

· 近四分之三的社团，理事会成员是由会员选举产生的；其余社团的理事会成员则是由内部选举产生。

· 有 15%～17% 的会员服务型组织，甚至在行业协会中更常见，一些理事会成员既不是由他们所服务的组织提名，也不是通过选举产生，而是由理事会或其附属机构直接任命的。

· 尽管有超过半数的理事会成员是通过竞争性选举产生的，但三分之二的社团 CEO 表示，要找到具备他们所寻求品质的理事会成员，尤其是能够做出时间承诺的，非常困难。

· 虽然数量不多，但令人担忧的是，一些理事会允许受薪 CEO 主持会议和投票，这大大提升出现利益冲突的可能性。

[①] 非营利部门委员会（The Panel on the Nonprofit Sector），美国非营利组织，成立于 2004 年 11 月，旨在就如何改善慈善组织的监督与管理向美国国会提供各种建议。——译者注

（理事会资源，2012b）。关于理事会规模大小的任何决策，都必须综合考量社团的目标和诉求，因为理事会需要有高度的灵活性及足够的履职能力来实现其目标。在ASAE近期出版的《当代协会》(Associations Now)杂志里有这样一场辩论，治理专家们为成立小型理事会和大型理事会都给出了强有力的理由（Rominiecki，2013）。尽管小型理事会可能在凝聚力和专注力方面具有优势，但大型理事会拥有规模效应，它可以设立更多专业委员会，并提供多元化的视角。

ASAE在《成功之道——协会运营的七大法则》中得出了相似的结论，他们观察到有些社团虽然理事会规模较大但也能蓬勃发展，因为这些社团已经形成了一定的运作模式来支持组织高绩效的治理。正如专家们所指出的，在对组织绩效的影响方面，理事会结构的重要性不如理事会的决策机制和其他组织因素（Ticker，Frankel和Meyer，2002）。例如，恩格尔（Engle，2013）关于理事会决策质量的研究表明，随着时间的推移，CEO们会获得与大型理事会合作的经验，但管理大型理事会可能会对缺乏经验的CEO构成挑战。从理事会成员的角度来看，迪纳姆（Dignam，2013）研究发现，在13～20人的理事会中，单个理事会成员对理事会绩效的满意度变化不大，但在较大规模的理事会中满意度却逐渐降低。

在我们的调查中，有投票权的理事会成员数量为3～118个，平均数为18人，中位数为15人，标准偏差为11人。27%的组织报告称，理事会规模为12~15人（图3.1）。只有不到1%的受访者表示只有3~4名理事会成员；这一数字令人振奋，因为各类文献普遍认为（也是法律所规定以及捐助者可能要求的）至少有5名理事会成员才能有效履行管理职责（非营利部门委员会，2007）。

行业协会的理事会规模较大（平均为20人，而在学术社团中为16人，专业协会为18人）。理事会的规模也与组织的年龄呈现极低但显著的相关性（0.077，p小于0.01）。慈善机构倾向于选择12～15人规模的理事会。但与理事会资源组织（BoardSource）在2010年对理事会治理的研究相反，组织的其他特征（地域范围、预算规模等）与理事会规模的相关性不大。

你的组织在上个财政年度结束时有表决权的理事会成员数量是多少？

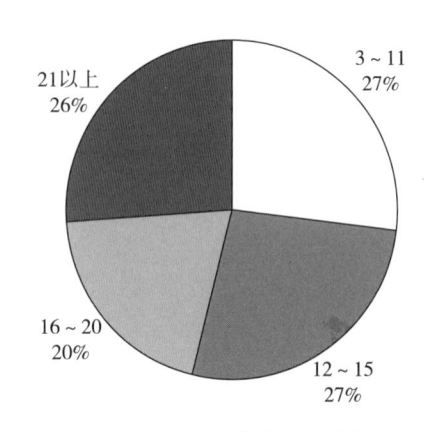

- 3~11：27%
- 12~15：27%
- 16~20：20%
- 21以上：26%

图3.1 有表决权的理事会成员数量（个）

规模较大的理事会更有可能设立执行委员会，在受访组织中，84%都提到了这一特点。理事会成员在3~11人的组织中有三分之二设立了执行委员会，有16个或更多理事会成员的占比94%。一些治理专家建议，建立执行委员会，能让一个较大的治理结构获得更精简更灵活的领导机构的优势。然而专家也指出，当额外的权力被赋予少数有投票权的理事会成员时，就会有风险，因为理事会成员平等分享非营利组织治理责任（非营利部门委员会，2007）。

代表性要求：纳税身份和使命至关重要

总体而言，有86%的组织要求其部分或全部理事会成员缴纳会费。理事会成员缴纳会费，在服务单位会员的社团中比在服务个人会员的社团中更为常见，但在501（c）（5）条款下的劳工组织是100%，在专业协会和职业协会中是91%，在研究会和学会中的比例是82%。

我们还研究了理事会构成的多样性要求。多样性要求包括为具有某些人口统计学特征或其他特质的成员指定理事会席位，或者要求理事会成员在任职期间具备某些特征，期望理事会成员更加多样化。这种多样性不仅包括种族、性取向或性别，而且还包括成员身份、地域或行业。一个多元化的理事会往往与更大的战略定位有关，这样的理事会可以更好地了解会员发展趋势（Erhardt，Werbel和Shrader，2003）。在实践中，如果理事会只利用多样性要求代表选他的会员发声，不从全局考虑问题，那么这种多样性要求也可能成为高绩效理事会的一大障碍。

问卷调查"你的理事会是否有正式的目标、限制或要求（来自规章制度、捐助者或任何其他来源）来维护理事会成员的多样性或代表性？这里的多样性指的是任何特征，包括种族、性别等，也包括职业地位等。"表3.1显示了社团最常见的多样性目标和需求，并按纳税身份等特征对其频率进行了比较。

31%的社团对理事会设定了多样性或代表性的要求。研究会和学会（40%）和501（c）（5）条款下的劳工组织（39%）最有可能设定多样化目标和要求，其次是行业协会（31%）和501（c）（7）条款下社交联谊会和俱乐部（21%）。那些主要服务于公共雇员的组织，以及那些以身份为基础的组织（详见第二章的定义）也更有可能设定多样化目标。这一发现支持我们在其他学术研究中提出的观点，即为政府雇员提供服务的社团提供了实现代表性目标的路径（Haynes和Gazley，2011）。行业类和专业性社团在这些多样性要求中，更有可能考虑与会员身份有关的特征，而从事倡导和直接服务的社团更有可能考虑种族和性别等特征。

从表3.1中我们还能看到，行业协会（主要服务于企业）更有可能设定与职业和市场有关的代表性要求，而不太可能代表那些在传统上代表性不高的群体。规模较大的理事会更有可能提及多样性要求，那些预算增长的组织也是如此。即使在排除组织规模、年龄、纳税身份和其他特征之后，这些相关性仍然存在。然而，多样性目标的存在与组织规模或地域范围没有统计学上的关系。事实上，有超过四分之一的会员在美国以外的"国际组织"，设定理事会多样性目标和要求的可能性较小。

表 3.1 多样化目标、限制条件对理事会成员的要求

贵理事会是否有正式的目标、限制或要求（来自规章制度、捐助者或其他来源）来维护理事会多样性或代表性？（多样性指的是任何特征，包括种族、性别、职业地位等）。

注释：调查结果显示，仅有31%的社团表明他们有多样性的目标。

* 在多个列表中表示了关联度。

	总频率 (N=495*)	501 (c)(3) (n=193)	501 (c)(5) (n=32)	501 (c)(6) (n=227)	公共服务型组织税身份 (n=281)	组织认同 (n=75)	行业协会 (n=178)
会员身份	16.4%	13.9%	20.0%	19.8%	18.0%	21.2%	18.8%
地理位置	14.7%	14.9%	20.0%	15.9%	15.1%	17.7%	13.8%
性别	9.5%	11.2%	12.8%	7.6%	9.5%	23.3%	6.9%
种族/民族	9.1%	11.5%	21.9%	7.1%	11.9%	19.2%	7.2%
机构、专业、市场部门	8.1%	8.5%	6.1%	9.7%	10.5%	10.1%	10.4%
业内人士	7.4%	8.5%	0%	8.8%	7.3%	6.5%	9.5%
职业或经验水平	6.7%	9.1%	1.0%	6.9%	6.7%	8.4%	7.7%
年龄	5.8%	7.5%	7.7%	4.9%	5.3%	10.6%	4.6%
分支机构或附属机构的从业经历	2.9%	3.3%	1.0%	3.4%	3.8%	5.2%	1.7%
外界人士、非本行业或非本专业	2.7%	4.4%	0%	2.2%	2.2%	3.7%	3.1%
专业证书	2.4%	2.2%	5.1%	2.8%	3.5%	2.0%	0.5%
受教育水平	2.1%	3.1%	1.2%	1.7%	2.1%	3.7%	0.5%
性取向	2.0%	2.9%	0%	1.9%	2.0%	3.5%	0.7%
残障人士	1.8%	3.4%	0%	0.8%	0.4%	5.7%	0.9%
国籍、血统	0.9%	0.8%	0%	0.7%	0.6%	1.3%	0.6%

理事会成员的提名、筛选和选举

治理专家指出，应该设立一个对该领域有足够了解的专门委员会来帮助遴选新的理事会成员，这通常被称为提名委员会。提名委员会可以与治理委员会并设，也可以承担治理委员会的角色，承担理事会发展职责。无论采用哪一类结构，该委员会都应专注于有效的招募，以此支持理事会的绩效目标（Lakey、Hughes 和 Flynn，2004）。

调查发现，最常见的方法是由具有提名责任的委员会（尽管称谓不同）确定候选理事会成员。有 70% 的受访者反映了这一情况（表 3.2：在学术性社团中比例最高，在社交俱乐部中比例最低）。事实上，三分之一的受访者仅依赖提名委员会来确定理事会成员，不采用其他方式。此外，47% 的社团允许理事毛遂自荐或由其他理事会成员提名。其余还有由执行委员会（18%）、地方分会或分支机构（12%）、CEO 或其他职员（12%）推荐等方式。

表 3.2 理事会成员提名

请选择目前你的组织正在实施的提名方法	
除其他手段外，主要由提名或治理委员会*——仅由提名或治理委员会所占的比例为 32%	70%
毛遂自荐或由会员提名**	47%
由执行委员会提名*	18%
由理事会或附属机构任命	15%
由分支机构提名**	12%
由 CEO 提名*	12%

* 内部提名程序
** 外部提名程序

内部提名与外部提名流程比较

内部提名是指由理事会内部的专业委员会、全体理事会或专职员工，包括CEO来遴选理事会成员。外部提名包括自荐、会员推荐或分支机构提名。就整体而言，社团更多依赖内部选择方法（77%），而不是外部选择（53%）。职业协会和专业协会，501（c）（4）条款下的社会福利机构和501（c）（5）条款下的劳工组织更倾向于依靠外部手段来提名理事会成员，而不是理事会自己或内部员工提名推荐。

值得注意的是，本研究并没有测试哪一种提名方式更有效，因为每种方式都各有利弊。内部提名程序可以发挥现职员工和理事会成员的专业优势，他们知道组织所需的理事会成员应具备哪些素质。例如，赫尔曼和伦兹（Herman和Renz，1999）观察到，组织绩效与CEO参与理事会成员提名呈低度相关。另一方面，理事外部提名方式更民主，更有代表性，更有效地代表会员利益。

筛选优秀的理事会成员候选人

作为提名流程的一部分，筛选理事会成员可以让组织确认候选人的任职资格，并提前与其讨论理事会成员的责任，以确保候选人积极做好履职准备。77%的受访者表示会在选举前正式或非正式地筛选理事候选人，审查其任职资格和条件。慈善机构（83%）和学术团体（80%）比社会福利机构（55%）和劳工组织（45%）更有可能采用筛选程序，比行业协会（76%）和社交俱乐部（77%）略高。使用筛选程序与设定多样性目标和实现这些目标的能力呈正相关，但与社团或理事会规模没有关系。基于身份而成立的组织采用筛选程序的可能性略大。

选举

在投票选举理事会成员时，社团主要依赖于会员（表3.3）。72%的社团依赖于理事会之外的会员来投票选举理事会成员，而理事会内部投票选举的比例为24%（亦被称为"自我延续的理事会"）。在学术类、专业类和行业类社团中理事会投票选举的比例最高（74%~77%）。

表3.3 理事会成员选举程序

请选择目前在你的组织中实行的选举方案	总计	501（c）（3）	501（c）（6）	组织与分支机构
通过有资格的会员或部分会员的投票，如通过区域选举选出	72%	64%	76%	74%
理事会投票产出	24%	36%	20%	19%
理事会成员不是选举产生的，而是由理事会或分支机构任命的	17%	17%	19%	16%
由一个有代表性的会员机构（如会员代表大会）选举产生	8%	6%	8%	15%

注释：受访者可选择多个选项。

17%的受访组织的理事会成员不是通过选举产生的，而是由理事会或分支机构直接任命的。另外8%是通过会员代表大会间接选举产生理事会成员（学术性社团比例最高）。

在一些社团中［即501（c）（6）条款下的专业性和行业性社团、有分支机构和主要为个人会员服务的社团］，理事会更多依赖其会员或会员代表来选举新理事会成员。相比之下，501（c）（3）条款的慈善机构更倾向于依靠内部方式来选举理事会成员，有超过三分之一的社团采用理事会投票选举的方式。慈善机构和其他社团之间的差异，很可能是基于这样一个事实：许多慈善机构的章程往往已经规定了其理事会构成，但与那些在501（c）(3)税收登记表之外的数量更多的互益型组织相比，很少要求理事会成员承担选举的责任。

差额选举

如图3.2所示，超过一半的社团表示，其选举有时采用差额选举（37%）或总是采用差额选举（17%）。学术类（42%）和专业类社团（28%）总是进行竞争型的差额选举。行业协会（51%）和直接服务会员的机构（76%）没有采用过差额选举。依靠内部提名的理事会（如提名委员会提出理事会成员名单）不太可能实施差额选举，而有分支机构的组织更有可能依赖于公开提名，并举行差额选举。

你的理事会总是采用差额选举吗？同一理事会成员席位有两个以上的人参加竞选吗？

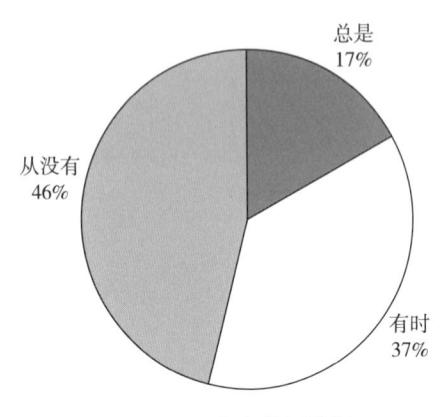

总是 17%
有时 37%
从没有 46%

图3.2 理事会差额选举

寻找合格的理事会成员

哪些遴选程序最容易找到合格的理事会成员？总体而言，65% 的 CEO 表示，找到合格的理事会成员很难或有些困难（图 3.3）。CEO 们认为，理事会成员最需要的品质是战略思维和领导能力、筹款或捐赠能力、认同组织使命、具备职业资质（特别是在代表一个行业规模较小的社团中），以及来自种族和少数民族的代表。超过 100 名受访者还提到了很难找到有理事会任职经历、拥有营销和沟通技能，以及拥有财务或管理技能的理事会成员（表 3.4）。

你认为找到合格的人担任组织理事会成员有多难？

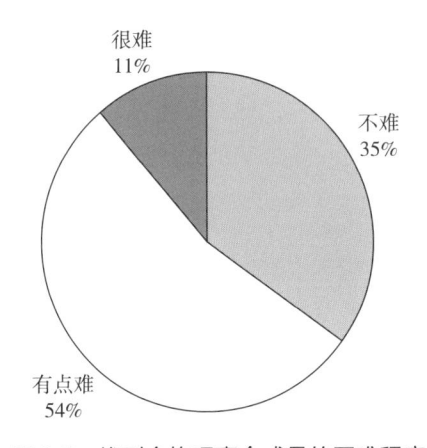

- 很难 11%
- 不难 35%
- 有点难 54%

图 3.3　找到合格理事会成员的困难程度

表 3.4　难以找到合格理事会成员的受访者所期望的素质条件

如果你的回答是"有点"或"很难"找到合格的人来担任组织的理事会成员，那么你面临哪些挑战呢？	0%　　　　100%
能够做出时间承诺的理事会成员	45%
具备广博知识或经验的理事会成员	27%
能够管理理事会运作的费用支出、差旅或其他后勤服务的理事会成员	14%
具有特定条件与资格的理事会成员	14%

不同组织找到合格理事会成员的难度差异并不大，学术性社团和行业性社团在找到合格的理事会成员方面有一定的优势。依靠分支机构和代表机构来确定人选似乎减轻了寻找理事会成员的难度，CEO往往对社团找到合格理事会成员的能力忧心忡忡，无论采用内部提名还是外部提名的方式，都无法缓解这种担忧。

直接任命：谨慎行事

正如表3.2和表3.3中所示，15%～17%的社团中，有些理事会成员既不是由他们所服务的组织提名，也不是通过选举产生，而是由理事会或分支机构直接任命。这种做法在规模较大的行业协会中更为常见。联合类社团可以采用直接任命的方式来实现其代表性的目标，当然这些理事会成员可能仍然由其他社团通过民主选举产生。然而，理事会成员遴选的这种替代方法可能会降低理事会的凝聚力。这样的做法也可能引起利益冲突。

当把采用直接任命方法的社团与采用其他遴选方法的社团进行比较时，我们发现使用这种方法的社团CEO对理事会绩效的评价较低。采用直接任命的理事会在任期结束之前，更有可能将理事会成员免职（55.8%～58.7%）。CEO更多地将理事会成员无法履职作为免职的主要原因（2.4%～4.1%），尽管这并不一定是因为利益冲突（所有报告结果都具有统计学意义，并采用了Levene的方差齐性测验）。

这些社团CEO更多提到了理事会成员之间，以及理事会和员工之间的糟糕关系（所有报告的结果都具有统计学意义），他们也表示理事会与分支机构之间的关系不佳，但是前者是后者的近2倍（12.2%和7.5%）。他们对理事会的整体评价较低，包括理事会对会员的责任、与会员的直接互动、倾听会员需求和获得反馈的意愿，以及承担决策责任的担当意识等方面。特别值得关注的是，CEO对不是基于自身利益而做出独立决策的理事会的能力评价也较低（18.6%直接任命方式产生的理事会被评为"需要改进"，而其他方式产生的理事会是 13.4%），对理事会维护公众信任方面的领导能力评价也较低（9.5% 被评为需要改进，而其他为 5.1%）。

研究结果表明，对于许多理事会来说，需要营造一个有凝聚力且能和谐共处的集体氛围，打造理事会与专职团队、理事会与会员、理事会与分支机构之间的密切关系。而在这些方面，直接任命比公开提名和选举的效果明显要差。这种背景下产生的理事会，意味着理事会成员与利益相关方联系非常不紧密。

尽管许多衡量理事会绩效的指标与理事会成员选择策略无关，但直接任命方式可能对理事会绩效构成风险。除非这种做法能与更有效的提名程序相平衡，并辅之以有效治理措施来控制潜在的风险。

理事会 CEO 的角色：避免利益冲突？

57% 的社团表示，CEO 最常见的角色是理事会中没有投票权的自动理事。这一角色是最符合有效治理的实践模式（理事会资源，2012a）。然而，有 14% 的社团 CEO 表示他们是理事会中拥有投票权的理事会成员（表3.5）。更令人担忧的是，6% 的受访者（$n=96$）既是专职工作人员也是理事会的主席，还是有投票权的理事会成员。"理事会资源"在 2012 年对其会员（主要是慈善机构）的研究也发现了类似的情形。

表 3.5　CEO 在理事会中的角色

根据你社团的章程，以下关于 CEO 在理事会中角色的描述哪一个是最恰当的？	0%	100%
CEO 是本社团理事会的非正式成员，没有投票表决权	57%	
CEO 是本社团理事会的一名有投票权的理事会成员	14%	
CEO 不是本社团理事会的成员	25%	
章程规定的其他角色	4%	

这个问题存在于所有的纳税身份和组织类型中，尽管可能比例不同。在501（c）（5）条款下的劳工组织中，44%的CEO在理事会中有投票权，而在501（c）（6）条款下的企业联盟中，只有9%的CEO有投票权。在501（c）（3）条款下的慈善机构中，14%的机构允许CEO投票，12%的组织允许CEO担任理事会主席。治理专家更关注的是那些既是专职团队的核心人员又在理事会中有投票权的CEO，因为这种角色可能使得他们更难以避免利益冲突，并难以保证对组织战略和财务状况方面的独立判断。即使是在以营利为目的的企业里，这种做法更为普遍，允许CEO担任董事会主席与董事会难以有效履职之间似乎也存在一定的联系。

理事会的任期：大多数组织的推荐做法

术语"任期"是理事会成员在需要重新选举之前可以服务的年限。理想的情况是，这些细节应包含在组织章程中。这是大家推荐的做法："理事会应该制定明确的制度和程序来规定理事会成员任期年限和连任届次"（非营利部门委员会，2007）。

在本研究中，89%的社团都有关于理事会任期的特别规定，学术类、专业类社团和社交联谊俱乐部有规定的比例达到93%~94%，行业协会中的比例是87%（图3.4）。理事会资源（2010）在最近的研究发现，71%的慈善组织都规定了理事会任期，我们发现在有会员的慈善机构中，有89%规定了理事会成员任期。这种差异性可能是因为，社团更依赖于通过理事会来积极地代表和反映会员的利益，理事会定期换届更容易实现这种代表性。有61%的受访者表示其理事会成员任期是三年（相比之下，理事会资源2010年度报告的统计比例是71%）。另外，有25%的受访者表示其理事会成员任期是两年，5%的受访者是一年任期，也有9%的受访者反馈他们社团理事会成员任期是四年到六年。与此同时，大约三分之一的受访者表示，理事会成员任期时间取决于其在理事会中的具体职位。

你的组织是否有关于理事会任期的规定?

没有关于任期的规定 11%

是的,但是任期的时间取决于具体岗位 27%

是的,所有理事会成员任期相同 62%

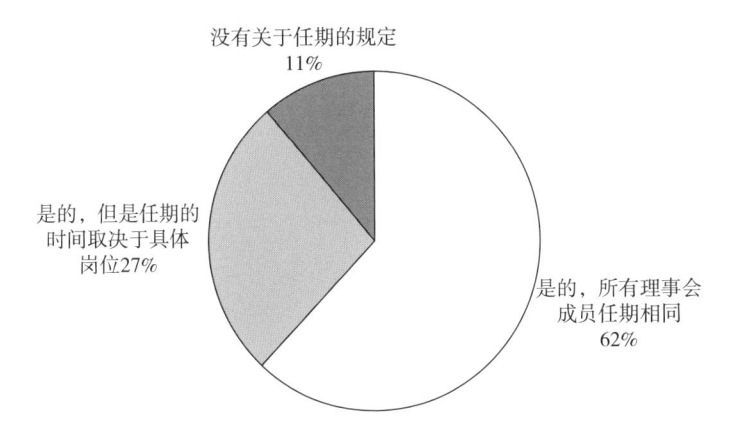

图 3.4 理事会成员任期有制度规定的比例

关于任期的限制,或者说是理事会成员连任届次的限制,有 9% 的社团根本就没有关于任期届次限制的政策。有 11% 的社团不能连任,39% 的社团规定任期不得超过两届,而有 14% 的社团则允许连任三届或更多的届次(表 3.6)。另外 27% 的社团则对任期届次没有限制,或者允许理事会成员退出一段时间后再回到理事会。

表 3.6 理事会成员任期限制

理事会成员通常能在一个非领导职位上任期多少届?	0%	100%
没有规定	9%	
一个任期	11%	
两个任期	39%	
三个或三个以上任期	14%	
任期届数没有限制,或退出一段时间后重新进入理事会	27%	

关于理事会任期届次问题,37% 的社团要么没有制定相关政策,要么没

有任期届次限制，这与理事会资源（2012b）过往的研究是一致的，即五分之二的慈善机构没有理事会任期届次限制。作为对比，企业中有董事会任期限制的数量要少得多。然而，在非营利组织中，许多治理专家认为任期限制是一种首选做法，因为这种限制得以使组织轮换理事会成员，从而引入新的想法和观点，并会减少理事会成员的懈怠（理事会资源，2012a）。事实上，任期限制也可能会提高理事会的整体绩效（Bradshaw、Murray 和 Wolpin，1992）。详见第六章。

理事会成员的流动：保持适当的平衡

理事会成员流动率说明了其离职的频率。已经有任期限制的理事会成员更替显然可以被精心安排，作为一种引入新经验和新视角的顶层设计。例如，理事会成员的变动可以帮助社团在会员结构发生变化时仍能保持积极的代表性。但是，理事会成员也可以自己决定在任期届满前辞职。无论其离职是出于对组织的不满还是出于其他正当的原因（如换工作、搬家等），这都可能给理事会成员增补带来一定的挑战。

我们统计了整体的理事会成员流动率和其在任期结束前离职的频率（表3.7）。77% 的社团 CEO 表示其理事会成员流动率适中，能够实现经验知识[①]和新观点之间的平衡，而 17% 的社团 CEO 表示其理事会成员流动率低于理想水平，而 6% 的 CEO 表示理事会成员流动率高于理想水平。

虽然近四分之一的受访者表示其理事会成员流动率或高于或低于理想水平，但我们还是找到了理事会成员和员工流动率间的关系（表3.8）。这一现象似乎并不普遍，因为近一半（46%）的 CEO 表示员工流动率适中，理事会成员流动率也适中，有近三分之二的 CEO 表示其理事会成员流动率适中，只有极少数表示其员工流失率适中。成立时间相对较短的组织，尽管其

---

① 经验知识（institutional knowledge），指组织员工在工作中形成的经验、数据、专业知识、技能组合、流程、政策、价值观等，又译为"学院知识"。——译者注

会员可能在增加、财务实力有所增长，但是更容易出现较高的员工流失率和较高的理事会成员流动率。

表 3.7 理事会成员流动率

如何评价贵组织的理事会成员流动率？	
我们的理事会成员流动率比理想水平要高/我希望理事会成员的工作时间更长一些	6%
我们理事会成员流动率适中，可以实现其经验知识和新观点之间的平衡	77%
我们的理事会成员流动率比理想水平要低一些	17%

表 3.8 员工流失率和理事会成员流动率的比较

	流动率较高	流动率适中	流动率较低	总计
稳定，在过去的五年里很少或没有员工流动	2%	46%	8%	56%
员工流失率中等，涉及不到一半关键岗位	2%	22%	7%	31%
员工流失率高，在过去五年中涉及一半以上的关键岗位	2%	9%	2%	13%
总计	6%	77%	17%	100%

一些会员服务型组织还必须平衡理事会成员的流动率，保留那些有经验知识和有治理能力的理事会成员，同时我们还要将政策条件与理事会成员流动率进行比较。表 3.9 表明，那些没有任期限制的，以及允许三届或三届以上任期届次的社团 CEO 们，更有可能表示他们的理事会成员流动率低于理想水平。一些非营利组织的工作人员和理事会成员都对其留住人员的能力表示担忧。但是，任期限制本身并不是罪魁祸首，它在确保理事会成员的良性流动中发挥了重要作用。

表 3.9　CEO 对理事会成员流动率与社团任期限制政策的评价对比

	没有规定	一届	两届	三届或三届以上任期	没有限制，可以在离职一段时间后返聘
较高的流动率	14%	2%	5%	5%	8%
流动率适中	73%	93%	84%	79%	67%
较低的流动率	13%	5%	11%	16%	25%
合计	100%	100%	100%	100%	100%

理事会规模：保持合理适度

理事会规模是否与理事会的其他结构特征有关？这种特征在某种程度上帮助社团决定其理事会的最佳规模。理事会资源（2010，p.18）认为，"理事会运作的最佳结构（规模、任期和官员）能以多种方式塑造着理事会的文化和实践。"在一个尚不具有代表性的研究中，理事会资源找到了一个"最佳平衡点"，即理事会规模在 15～22 人时，更易于提高 CEO 绩效评价结果和实现有效治理。

我们比较了两个粗略的四分法：12～15 人的理事会和 16～20 人的理事会。结论是，这两组数据之间没有明显的差别，但它们都比规模更大或规模更小的理事会更有优势。例如，人数在 12～15 人的理事会比规模更小或更大的理事会更有可能制定理事会成员任期和届次限制政策，跟踪反馈多样性目标的实现程度，采用差额选举（请注意这些相关性）。与规模更大或更小的理事会相比，12～15 人的理事会似乎意味着社团更健康，代表了更为优秀的组织，其 CEO 表示财务预算和会员数量呈现增长态势，会员之间也少有竞争。12～15 人理事会的社团 CEO，更有可能表示

> 12～15 人的理事会与 16～20 人的理事会相比，没有明显的差别，但相对于规模更大或规模更小的理事会而言，两者均有优势。

其理事会成员流动率适中，尽管也更有可能采用竞争性选举的方式产生理事会成员。他们从不抱怨找不到合适的理事会成员。这些 CEO 也很少考虑离职。

16～20 人的理事会最有可能开展改革活动，而且员工离职率也很低。他们也更易于设定多样化需求或代表性目标，而且比规模更大或更小的理事会，更有可能在理事会层面进行高水平的战略研讨。

拥有 12～15 人和 16～20 人的理事会均更有可能对候选人进行筛选；与规模更小或规模更大的理事会相比，其 CEO 担任理事会主席的可能性均少一半。

> 最小的理事会最有可能表示难以找到为社团服务的合适人选，并且理事会成员流失率也过高。

对比规模最大的和最小的理事会，最小的理事会是最有可能表示难以找到为社团服务的合适人选，并且理事会成员的流失率也过高。而规模最大的理事会最不可能对其绩效进行自我评估。

第四章 理事会的运作规范和决策制定

关于理事会运作规范和流程的关键问题，是理事会如何进行自我建构以履行责任，并专注于战略而非具体业务。本章分析和阐述了社团理事会的一系列运作方式，包括理事会开会的频率和如何利用好理事会会议时间。

理事会会议次数和性质

定期召开理事会会议是必要的，因为它不仅能促使理事会成员履行责任，而且还能为成员之间的互动交流和观点碰撞创造机会（非营利部门委员会，2007）。没有关于召开理事会会议的最低次数的规定，正如也没有规定理事会的规模一样。至少有一些慈善组织治理机构建议，如果理事会有着完善的治理结构，大家都能坚守使命，可能每年开一次会足矣（非营利部门委员会，2007）。

本研究中，社团召开会议的频次并不一致，有三分之一的理事会每年只有1～3次面对面的会议，另外三分之一理事会每年召开4～6次，其余的每年召

第四章　理事会的运作规范和决策制定

> **主要发现**
> - 社团对理事会每年召开会议的次数没有特别的规定，但平均为 6 次。
> - CEO 重视理事会会议的民主协商程序，这是达成共识形成决策的基础。
> - 近三分之二的理事会投票总是或几乎总是全体通过，没有异议。
> - 与其他理事会成员相比，理事会（会长、主席）在理事会至关重要。
> - 理事会绝大部分时间用于听取员工的汇报，但超过一半社团的理事会至少用 25% 的时间进行战略研讨。

开 7 次以上。召开理事会会议的平均次数是 6 次，中位数是 4 次。表 4.1 更详细地显示了召开理事会会议的频率。正如所预期的那样，会员的地域分布对于会议的频率有着很大的影响，全国性的和国际性社团的会议频率（平均 3 次）不到地方性、区域性和州内社团（平均为 8 次）的一半。

表 4.1　理事会会议的频率

	整体频率 (n=1585)	地方/区域/州的 (n=965)	全国性的 (n=476)	国际性的 (n=144)
不召开见面会，只有通信会议	0.6%	0.5%	0.6%	0.7%
每年 1～2 次	17%	5%	35%	40%
每年 3～4 次	36.4%	27.5%	53.7%	46.7%
每年 5～6 次	15%	20%	7%	6%
每年 7～9 次	5%	8%	0.8%	0.6%
每年 10～11 次	11%	17%	1%	2%
每年 12 次	11%	16%	0.9%	4%
每年 12 次以上	4%	6%	1%	0%

纳税身份和所处领域也是影响会议频率的重要因素，包括501（c）（5）条款下的劳工组织和501（c）（7）条款下的社交联谊俱乐部的会议频率是最高的（平均每年9～10次）。第501（c）（3）条款下的社团平均每年召开8次会议。研究会和学会平均每年举行3.5次会议，职业性和专业性社团平均每年5次，而行业协会平均每年6次。

54%的社团表示，除了面对面的会议之外，他们的理事会还通过在线方式开会，平均每年召开两次额外的电话会议或其他远程会议进行交流。在线会议与面对面的传统会议合并统计时，理事会每年召开会议的中位数增加到7次。

决策是如何做出的

正式流程

理事会通常会制定正式规则规范其决策流程，比如通过组织章程或其他正式的制度来明确如何决策。这些做法都值得推荐，因为由此能够创建一个透明的、公平的、稳定的方式来实现理事会这项关键职能（Tesdahl，2010）。本研究中，99%以上的理事会都制定正式的决策程序，例如决策动议和决议表决等，另有68%的社团高管们也认为这非常重要。

关于决策的具体工具，只有23%的受访者认为《罗伯特议事规则》（*Robert's Rules of Order*）是"非常重要的"，29%的受访者认为是"相当重要的"，其余的受访者则认为这种议会审议模式对其决策没有什么价值。除了《罗伯特议事规则》之外，一些社团的CEO还表示他们采用格伦·特克（Glenn Tecker）的"基于知识的决策过程"和卡弗（Carver）的"政策治理模式""先对话后讨论"的方法，以及美国议员协会的议会程序标准守则等工具。有趣的是，组织的规模和地域范围与对正式决策工具的依赖程度关系都不大。但是，规模在12～15人的理事会有可能比规模更小或更大的理事会更依赖正式流程。

非正式流程

关于理事会非正式的讨论结果是否具有决策工具的价值，受访者是有分歧的，四分之一的受访者认为几乎没有价值，其余则认为尽管不是非常重要但也是有一定价值的。一名社团的高管说，在该社团，"阳光规则"（sunshine rules）禁止理事会成员在理事会的会议室之外的任何地方讨论社团业务。许多人表示，通过"大拇指向上、向下或侧向"的决策意向表达方式和其他非正式的民意调查，可以在正式表决前达成共识。例如，一位 CEO 表示，在理事会上主持非正式讨论时，他更倾向于选择斯特吉斯（Sturgis）的议会程序，而不是《罗伯特议事规则》，因为开展更多非正式的讨论，能把理事会从诸多正式议事规则的束缚中解放出来。国际性社团（超过四分之一的会员在美国本土之外）和拥有较大理事会的组织，更倾向于将非正式的理事会讨论作为一种决策手段，这是非常有意义的，特别是当难以把全体理事会成员集中到一个地方来开会的时候。

协商过程

任何一个流程，无论是正式的还是非正式的，都很强调在投票表决前要进行公开的讨论和审议。许多流程可以促进达成基于共识的决策，近四分之三的受访者认为这很重要（39% 的受访者认为这是相当重要的，48% 的人认为非常重要）。例如，一位 CEO 说："我们唯一一次严格遵守《罗伯特议事规则》是在我们召开会员代表大会期间，因为《罗伯特议事规则》有时会干涉基于共识的讨论。"还有一些人提到，即使使用《罗伯特议事规则》，在投票之前对一项动议进行充分讨论也是很重要的。

更有趣的是，规模更大、更国际化的社团更有可能重视基于价值共识的决策，而较少依赖正式的议事工具，如《罗伯特议事规则》或其衍生工具。这表明，应对组织规模和地域分布带来的更大挑战，不一定需要议事程序。这再次表明，这种做法的"最佳平衡点"是理事会规模保持在 12~15 人。

较大的组织也更有可能把精心策划的务虚会当作会议工具，这是另一个强调讨论和集体决策流程的议事平台。

协商的目的是能够做出科学的决策。在治理过程中常见的协商审议程序是，在把议题交给全体理事会成员决定之前，由委员会或特别工作组进行充分讨论。

> 一个强有力的理事会主席和 CEO 在会议的时间和议程安排上可能有很大的分歧。不过更关键的是理事会主席和 CEO 之间的合作关系。
>
> ——一个受访者

与会访者充分讨论了委员会报告的价值、政策分析文件，以及由工作人员或理事会成员撰写的背景信息和在投票表决前可交流的其他信息。他们还注意到，这些书面报告都需要理事会成员提前准备。一位执行理事指出："理事会成员在会前的准备工作对思想的碰撞和决策制定至关重要。"

"同意议程"也是理事会表决程序的一种策略，它允许理事会成员简化程序性投票流程，并将更多时间用于讨论更重要的问题。"同意议程"将那些常规的和无争议的项目打包，进行一次性投票，并限定会议讨论时间，进行有效的讨论。理事会成员应该提前了解和审查这些项目。虽然在大多数治理文献中都认为这是一种有效的做法，但在我们的研究中，对其价值却没有达成共识。35% 的受访者认为同意议程非常重要，25% 的受访者认为相当重要，而另外 39% 的受访者则认为其重要性程度很小或根本不重要。在那些学术类和专业类协会中，规模在 12～15 人的理事会会成员最有可能采用这种"同意议程"。

有几十名受访者提到，可以允许理事会成员以电子邮件的形式进行投票，但这只是针对那些不需要经过讨论的简单决策。

有效的会议时间

有三分之一的受访者认为年会非常重要，而有 15% 的受访者表示他们根本就不举行年会。国际性社团可能最重视年会，但是以员工数量为衡量标准，规模较大的社团不太可能重视年会的效率。

通信会议

总的来说，在调查的社团中有 45% 不允许理事会成员通过在线方式参加会议（如电话会议，具体还取决于州法律的规定）。一些议员和非营利组织认为，通信会议是违反信托责任的。然而，对于一个全国性或国际性社团来说，地域因素使得经常线下开会非常困难。因此，增加成本低廉的电子通信会议数量对社团大有裨益。

在允许以电子通信方式召开会议的组织中，认为这种做法对理事会没有价值与认为有一定价值的受访者数量持平。众所周知，地方性、州和区域性的社团对通信会议评价是最低的，而三分之二的全国性和国际性社团则认为这种做法是相当或非常有效的。许多受访者讨论了将电子通信形式作为治理工具所面临的挑战。CEO 则强调线下会议的价值，以及保持线上和线下会议平衡的必要性。一位受访者说："在 2010 年之前，所有的理事会会议都是线下召开，并在全国各地轮流举行。之后，大多数会议就都在线上召开了。但如有可能召开线下会议，促进交流和建立关系的作用似乎更大。"不仅仅是会议，受访者同时也更关注使用电子邮件、电子邮件列表和其他电子工具在理事会成员之间共享信息的价值。

投票

大多数的理事会投票结果似乎总是或几乎总是全票通过（表 4.2）。当然，这并不一定是坏事：全票通过表明理事会成员之间已经达成了共识。即使没有全票通过，高绩效的理事会也可以用一个声音说话（Carver, 1997）。但是如果总是全票通过，理事会成员参与治理的积极性就会受到质疑。全票通过可能意味着理事会是消极被动的，通过理事会橡皮图章式的决策来运作。第六章将分析这种做法对理事会绩效的影响。

表 4.2　理事会全票通过的频率

理事会全票通过做出决策的频率怎样？	
总是或几乎总是	64%
经常	34%
通常不会	2%
总计	100%

谁来完成工作

我们问受访者："除了工作人员，请描述一下个人或团体对完成理事会工作的重要性。"表 4.3 表明，理事会的责任主要落在理事长和其他管理者身上。尽管许多社团也已经组建了一些非正式的工作组或临时的工作委员会，可以将理事会的工作委托给更多有意愿的志愿者。但是我们发现，这些特别的方法在许多受访者看来并不重要。

表 4.3　理事会的任务分配

谁来完成工作？	我们不使用这个	不重要	相对重要	非常重要	总计
主持理事会的领导（如主席）	2%	7%	30%	61%	100%
理事会领导和/或执行委员	2%	13%	42%	43%	100%
其他正式的常设委员会	5%	19%	46%	30%	100%
非正式工作组和特设委员会	9%	27%	45%	19%	100%

我们收到了许多关于这个问题的补充意见。不止一位 CEO 对理事会成员的参与程度表示不满。其中有一位 CEO 写道："需要注意的是，所有的人对完成工作都很重要。但事实上，除非某些个人参与到委员会中，否则我们

会很辛苦。然后，这些人全部都超负荷工作。"另一位 CEO 则评论说："我希望理事会能在完成工作过程中切实发挥领导作用。这是一个迫切需要解决的问题，它将不再是一个橡皮图章，而是卷起袖子动手工作的理事会。"不止一个人告诉我们，除非我们把"工作人员"列在首位，否则这个问题本身毫无意义。还有一位 CEO 提到，在他们的社团中，只有一个委员会起到作用，但是成效显著，他说："在我们的案例中，必须着重强调治理委员会的作用。因为它看到了改革的需求，并给社团带来了任期限制、新鲜血液、问责制和一个可以完全改变治理文化的外部顾问。"

理事会如何安排会议时间

表 4.4　理事会会议的时间安排

理事会是怎样安排会议时间的？	没有	会议时间不到25%	会议时间不到25%～50%	会议时间超过50%	总计
听取和讨论工作人员和委员会的报告和信息	1%	32%	48%	19%	100%
战略研讨	2%	45%	40%	13%	100%
审查/讨论财务报表或预算	0.5%	61.5%	31%	7%	100%
审查/讨论/制定政策和程序	4%	65%	26%	5%	100%
监督程序和服务	8%	57%	31%	4%	100%
监督/评估直接向理事会汇报的CEO和其他工作人员	19%	72%	8%	1%	100%
讨论理事会工作目标和绩效	29%	59%	11%	1%	100%

根据会议时间使用频率排列，社团理事会最有可能把会议时间用来听取和讨论来自员工和委员会的报告和信息。有三分之二的理事会将超过四分之一的会议时间用于安排上述活动。其余的时间则是花在财务监管（会议时间

少于四分之一，大约 61% 的理事会）、政策评估（会议时间少于四分之一，约为 70% 的理事会）和程序监督（会议时间少于四分之一，约三分之二的理事会）方面。

更为严重的是，有五分之一的理事会（19.2%）没有花费任何时间来监督和评估直接对理事会负责的 CEO 和工作人员。有些理事会把这项任务委托给一个委员会。但即便如此，治理专家还是建议全体理事会在某个时间点上参与讨论和行动（非营利部门委员会，2007）。一些理事会很少花时间来讨论自己的目标和绩效，而 29% 的理事会则根本不讨论目标和绩效。

理事会要聚焦战略目标

治理专家建议，理事会应聚焦战略制定而非业务运营问题，这是卡弗（Carver）政策治理模式的核心要素。非营利部门委员会概括慈善委员会的责任是："理事会应该建立和审查组织的使命和目标。"令人鼓舞的是，有超过半数的社团理事会至少将 25% 的会议时间用于组织战略研讨（表 4.5）。

我们调查了理事会的战略管理水平。当被问及其组织如何进行战略规划时，有三分之二（68%）的社团 CEO 表示，员工和理事会共同制定战略规划。另有 7.2% 的 CEO 表示，其理事会独自完成战略制定工作。然而，也有四分之一的 CEO 反馈说，他们要么没有战略规划（不同组织类型之间的差异不大），要么是员工在没有理事会参与的情况下制定战略规划。即使其后理事会或理事会成员批准通过了这些规划，理事会对战略规划的参与程度也不尽如人意。

表 4.5　组织战略规划管理水平

你的组织是如何制定战略规划的？请从下列选项中选择最佳的答案	
目前，我们没有战略规划	13%
工作人员制定规划，理事会/或理事会成员批准	12%
工作人员和理事会共同制定战略规划	68%
理事会自行制定和批准战略规划	7%
总计	100%

第五章 "有效治理"实践

为了满足公众和会员的期望与要求,理事会正在做些什么呢?

治理专家大力支持那些更为积极的理事会,认为理事会必须加强相关培训,评估理事会绩效。在501(c)(3)条款下的慈善组织中,即使对那些已经超出非营利部门范畴的组织,社会公众也期望他们保持一定的透明度(事实上,慈善导航者①最近已经将这一评价要素纳入慈善组织排名体系中)。

对慈善组织更深切的期望反映在理事会资源的出版物中,诸如《有效治理的12个法则》(*12 Principles of Good Governance*),还反映在非营利部门委员会制定的"有效治理和道德实践准则"中。

芝加哥社团联合会②(2011、2012)指导所有纳税身份的社团制定实

---

① 慈善导航者(Charity Navigator),成立于2001年,是美国最有影响力的第三方评估机构之一,也是一个501(c)(3)非营利组织。该机构建立了公正客观的、基于数据的评估系统,对全美知名的或有价值的慈善组织进行评估,使捐赠者了解慈善机构项目的成本效益和整体健康状况。——译者注

② 芝加哥社团联合会(The Association Forum of Chicagoland),成立于1916年,根据《伊利诺伊州非营利公司法》成立,并根据《国内税收法》第501(c)(6)条免税,为来自芝加哥的组织和社团管理专业人士提供服务,旨在促进社团管理专业化实践。——译者注

践标准。这些标准包括理事会成员任命应该是技能和素质导向的，而且应避免地方保护的狭隘主义和个人利益干预。每一个治理主体都应该有明确的产出，并履职尽责。治理结构的规模应该保持在获得产出所需的最低限度。对社团理事会成员的其他要求详见第58页"社团执行机构和治理机构的职责"。

主要发现

- 理事会把跟踪评估会员期望与需求纳入正式职责中，这样的社团更有可能表示已经实现目标。
- 在过去的两年里，三分之二的理事会至少经历了下列情形之一：在定期举行的例会上参会人员未达到法定人数；理事会成员未能完成一个任期；理事会和员工之间或理事会成员之间产生政策冲突，需要理事会采取行动干预。
- ASAE会员中的组织比非ASAE会员更有可能使用理事会发展工具。
- 尽管有五分之四的社团至少开展了一种形式的理事会培训，然而只有一半的理事会评估了理事会绩效或制定了绩效目标。仅有3%的理事会根据战略或运营规划进行了绩效评估。
- 员工团队支持理事会所花费的时间多少与组织规模无关，这些时间成本能有效减少理事会的问题，促进理事会发展。

> **有效治理的 12 项法则**
>
> 作为有效治理专业知识的主要研究机构，理事会资源（2005）提出了高绩效理事会具备的 12 种优秀能力：
>
> 1. 与员工建立建设性的伙伴关系；
> 2. 任务驱动；
> 3. 参与战略制定；
> 4. 倡导调研之风；
> 5. 保持独立思考；
> 6. 提倡公开透明的氛围；
> 7. 诚信守法；
> 8. 能够管理和维持资源；
> 9. 结果导向；
> 10. 目标明确，行动聚焦；
> 11. 不断学习；
> 12. 充满活力，自我激励。

坚持公开透明

非营利组织理事会可以通过向会员或公众公开组织层面的或理事会层面的目标与成就来提高透明度。我们调查了会员服务型非营利组织是否有代表性要求，我们也请CEO告诉我们，他们是否向利益相关方报告其在满足理事会代表性要求的进展（表5.1）。大多数回答是肯定的。尽管他们更有可能在内部进行汇报，如向提名委员会报告，而不是向会员、捐赠者或监管机构披露。劳工组织最有可能向其会员公开目标的进展情况（14%），但501（c）（3）和501（c）（4）的组织最有可能告诉我们他们采用多种方法来跟踪和披露目标进展情况。不幸的是，大约四分之一（23%）有正式代表性要求的组织没有评估他们的工作进展。

表 5.1 记录、跟踪或公开代表性目标和需求的措施*

内部公开	62%
向会员公开	28%
通过年度报告公开	12%
在网站上公开	11%
向承包商、捐助者或监管机构公开	5%
不跟踪	23%

*这里体现了其理事会有正式的目标、严格的规定及尊重理事会成员多样性和代表性的需求。

> 公开报告理事会成员的代表性目标可能有助于组织规范运作，从而实现目标。

如图 5.1 所示，理事会通常能够实现这些代表目标。59% 的受访者总是能实现这些目标，33% 的受访者大多数时候能实现目标。正式跟踪评估理事会代表性

在过去的三年里，你的组织实现多样性目标的成功率是怎样的？

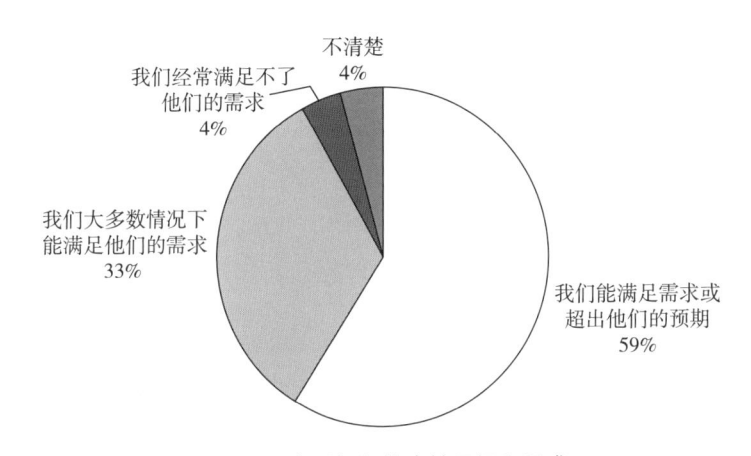

- 不清楚 4%
- 我们经常满足不了他们的需求 4%
- 我们大多数情况下能满足他们的需求 33%
- 我们能满足需求或超出他们的预期 59%

图 5.1 实现组织代表性目标和需求

目标的社团，更有可能表示他们实现了组织目标。最成功实现代表性目标的组织，是向其会员或社会公众公开工作进展的组织，而不仅是只向组织内部或捐赠者、承包方汇报。这表明，跟踪和报告理事会成员的代表性目标有助于促进组织规范运作，从而实现目标。

审慎履行责任

理事在工作中体现其"审慎履行责任"的最基本方式就是出席会议。在过去的两年里，根据对CEO的调查统计，有17%的理事会在定期召开的例会上未能达到法定人数。此外，还有57%的CEO表示，有的理事会成员因辞职或被理事会免职而没能完成任期。基于个人原因（26%）和工作变动或其他原因使他们没有办法完成任期（总体占比18%，但是在行业协会中是35%）。但也有19%的受访者表示，他们的理事会成员无法正常履行会议出席义务。还有3.5%的受访者表示，由于利益冲突导致了离职。

除此之外，有9%的CEO表示理事会和员工之间的政策冲突需要理事会采取行动进行干预，有11%的CEO提到了理事会成员和理事会的冲突。总的来说，有三分之二的理事会至少出现上述情形之一。

"有效治理和道德实践准则"

该准则是2007年在独立部门领导下制定的，旨在鼓励慈善组织加强内部自律。这些准则中有许多都涉及治理方面的要求，具体包括以下内容：

· 理事会应该制定政策和流程来管理利益冲突；

· 理事会应该制定政策和流程保护吹哨人（whistle blowers）；

> - 应向广大公众公开组织治理与管理信息；
> - 理事会应审批战略规划、规章制度和财务事项；
> - 理事会应定期开会履职，并制定考勤制度；
> - 有专职工作人员的组织应该分设CEO、理事会主席和财务主管三个职位，不能兼职；
> - 理事会应加强内部沟通，以确保所有理事会成员了解其责任；
> - 理事会应该至少每三年进行一次理事会绩效评估；
> - 理事会应明确规定任期届数和任期时间；
> - 理事会应履行财务监督职责。

确保理事会成员做好准备工作

现在对理事会的绩效评估日益增多，同时也有相当多的专业培训帮助理事会成员成功履职。理事会培训可以包括法定职责、岗位描述、咨询顾问和实操培训、答疑指导以及其他有关理事会发展的内容。也可以通过对核心工作人员培训以有效支持理事会工作，从而促进理事会发展。

> ASAE会员中的职业协会要比其他组织更有可能使用理事会发展工具。

表5.2显示了社团理事会开展培训活动的频率。总体而言，82%的社团使用了其中至少一种方法，只有18%的受访者表示没有使用过下列任何方法。大多数的理事会都依赖于正式的任职培训或理事会手册。在全部样本中，有三分之一的受访者仅采用一种或两种方法开展理事会培训。

社团执行机构和治理机构的职责

  1. 被委以重任，就要把社团利益置于个人利益之上，避免以权谋私；

  2. 为社团执行层建立工作协同关系，营造有利于执行机构和治理机构作为受托人的各自履行职责的氛围；

  3. 承认并允许 CEO 作为组织的代理人开展工作；

  4. 兢兢业业，恪尽职守；

  5. 除非社团允许或法律要求，否则不得泄露履职时所获得的任何社团涉密信息；

  6. 治理机构受会员委托，因此要确保治理公正，发展规范和绩效提升；

  7. 通过定期信息公开，建立对会员或其他相关主体的问责机制；

  8. 认真审核财务报表和经营报告，确保组织运营符合社团使命、战略规划或运营计划；

  9. 预算审查是重要的履职过程，应认真审查预算提案，并就预算方案进行质询；

  10. 由直接向理事会负责的独立审计师编制年度审计报告，对其提出的内部控制存在的"重大漏洞"或"重大缺陷"在内的任何建议，都要迅速回应、高度重视、果断行动；

  11. 制定美国国税局 990 号表格要求的年度审查流程；

  12. 制定和监督各项政策和程序，以保障组织资产安全和可持续发展；

  13. 建立风险防范机制，其中包括但不限于购买理事会成员和高级职员责任险[①]和其他保险；*

---

① 理事会成员和高级职员（D&O）责任险是旨在保护个人因担任社团或其他类型组织的理事会成员或高级职员而被起诉时的个人损失的保险。它还可以涵盖组织因这种诉讼而可能产生的法律费用和其他费用。——译者注

14. 以真诚的态度和符合组织利益的方式履行职责；

15. 根据适用的法规和组织章程及其他管理制度规定履职，在组织管理制度或适用的联邦或州法律赋予的权力范围内行事；

16. 批准通过、汇编并遵守完善的治理流程和议事规则，确保治理机构的会议记录完整准确；

17. 确保治理机构的任何政策、程序或指令都是成文的，正式通过并有效执行；

18. 通过CEO，确保该组织的工作人员能够忠实地执行治理机构的政策和决定；

19. 制定并执行利益冲突管理政策，包括界定各治理主体间的利益冲突，明确监督和遵守冲突管理政策的方法；

20. 作为个体，每一位理事会成员都应该：

- 不得损害组织利益，避免滥用组织信任，不得以权谋私；
- 识别并披露利益冲突或潜在的利益冲突，并避免制定能引起利益冲突的决策；
- 出席并认真参加所有会议，充分熟悉章程、政策和流程规定以及其他任何管理制度。

* 版权归芝加哥社团联合会，非经允许不得转载。

显而易见，职业类和专业类协会比其他任何类型的组织都更有可能采用个性化或多样化的方式对理事会进行培训和支持（表5.2）。如何解释这种差异呢？从研究分析判断可以看出，差异是由ASAE会员资格造成的还为时过早。但我们注意到，ASAE确实定期并稳定地向会员提供有关有效治理的信息和培训。同样有趣的是，尽管501（c）(3) 条款下的慈善组织对理事会绩效有更高期望，但与其他纳税身份的组织相比，他们使用理事会培训工具的可能性只高了一点点而已。

表 5.2　理事会建设或培训资源的利用

你的组织理事会建设或培训是否利用了下列理资源？	所有受访者	专业协会
新理事会成员的入职培训	55%	62%
理事会工作手册	51%	56%
由组织聘请培训师、发言人、服务商或咨询顾问来协助理事会建设	30%	36%
在完善的治理结构或理事会支持下，为 CEO 提供专业培训	30%	40%
供理事会使用的网页或其他电子资源	28%	42%
高级职员继任计划或其他准备 / 筛选理事会管理人员的方案	29%	32%
规划和培训理事会成员年度务虚会，旨在培训理事会成员而不仅仅是制定规划	18%	20%
建立新理事会成员和有经验的理事会成员相匹配的导师机制	14%	17%

理事会绩效自我评估

尽管上述结果表明，大多数理事会为实现有效治理开展了培训活动，但理事会成员开展自我绩效评估的可能性要小得多。如表 5.3 所示，社团理事会中有一多半（52%）没有开展过理事会绩效评估，不同组织类型之间的差异很小。在开展理事会绩效评估的组织中，最常用的绩效指标是出勤率、捐赠额、筹款额和会员招募数量（表 5.4）。读者们应该注意到，我们很难将理事会整体评估与理事会成员个人评估区别开来。

大多数理事会都是通过非正式的讨论来进行自我评估的，并不采用任何正式的工具或程序。使用评估工具时，大多数都是内部自创的。这并不一定是件坏事；采用自我开发的工具可能是有益的，因为每个组织都可以打造适合自己的评估工具和流程以满足其独特的目标（Lichtsteiner 和 Lutz，2012）。

表5.3 理事会自我评估工具

在过去的两年里,你的组织理事会用什么方法来评估自己的绩效?(多项选择)	频率
理事会不评价自己的绩效	52%
非正式的讨论	25%
专为理事会设计的另一种自我评估工具	17%
理事会资源为社团提供的自我评估工具	4%
另一种外部工具	0.9%
理事会资源为慈善组织提供的自我评估工具	0.9%
独立部门提供的《有效治理和道德实践准则》	0.8%

表5.4 理事会用于自我评估的指标

理事会的绩效目标是什么?(多选,只有一半的组织理事会进行自我评估)	频率
理事会没有为自己设定任何目标	55%
理事会或委员会会议出席人数	23%
捐赠或筹款	13%
会员招募	12%
倡导或政治参与	12%
社群或会员资格拓展	10%
提名他人担任理事会成员或委员	8%
战略或业务规划的制定和执行	3%
其他	2%

然而,这也表明,大多数理事会负责人并未充分利用专业技术人员开发的自我评估工具,这些工具现在是可以提供给理事会的。即使是知名度高的工具,如理事会资源提供的自我评估工具,实际使用比例也少得令人吃惊。理事会资源还为慈善组织和社会团体提供了两个不同版本(后者与ASAE

合作）的评估工具。当然，与其他组织类型相比，职业类和专业类协会更容易使用理事会资源提供的评估工具。但即便如此，使用比率也仅为6.4%（行业协会为3.3%）。在使用的标准化工具中，除了在本次调查中给定的评估工具之外，CEO们还提到了卡弗（Carver）的政策治理模型，以及他们所在领域的其他标准（如博物馆评估项目或基督教青年会的评估工具）《成功之道——协会运营的七大法则》提供的评估工具、自主研发的评估工具以及咨询顾问推荐的工具等。

多位CEO介绍了理事会自我评估的特色方法，如使用Plus/Delta工具评审每一次理事会会议。许多人观察到，理事会成员根据组织的业务规划和战略目标来评估自己的绩效。对照业务规划评估绩效将有助于实现组织战略目标，但不能替代聚焦组织有效治理的评价过程。

工作人员对理事会的支持越多越好吗

关于有效治理的文献经常提到理事会成员与工作人员密切联系非常重要。在之前的研究中我们没有探讨过的问题是，工作人员应该花多少时间用于支持理事会？员工支持越多越好吗？如果用更多的时间，是不是就意味着这个理事会能力过弱而需要员工支持呢？

我们要求CEO和执行理事告诉我们，根据他们的回忆，他们个人需要花费多少时间来管理和支持理事会及其委员会。我们要求他们估算自己花费的时间，同时也要估算其他工作人员在准备理事会

> 关于有效治理的文献经常提到理事会成员与员工之间的密切关系。在之前的研究中没有探讨过的问题是，员工应该花多少时间用于支持理事会成员？

和委员会材料、与理事会成员沟通、规划和安排委员会会议、撰写会议纪要以及相关的活动中所花费的时间。

受访者有11%的CEO每周花1个小时以内的时间做理事会工作，而有

50%的人每周花5个小时以内的时间。除了CEO外，在四分之一的社团中，员工每周会花1个小时以内的时间做理事会工作，50%会花5个小时以内。累积起来，平均每周工作时间为12小时，相当于一名全职员工四分之一的工作时间是为理事会提供支持。表5.5中表明，从每周只有1～2个小时，到相当于一个全职员工的全部工作时间，分布相当均匀。

表5.5 CEO和员工在支持理事会方面花费的时间

你作为CEO或其他员工管理和支持理事会及其委员会的时间（平均每周或每周或每月）是多少？（十分位数）	0%	100%
0～2小时/周	7%	
3～5小时/周	13%	
6～7小时/周	9%	
8～9小时/周	10%	
10～11小时/周	8%	
12～15小时/周	12%	
16～19小时/周	9%	
20～25小时/周	12%	
26～39小时/周	10%	
40小时或以上/周	10%	

与通常看法相反，员工花在做理事会的工作时间与组织中员工总数的相关系数很低（0.100，$p<0.01$），与理事会规模、预算规模或理事会会议数量没有任何关系。这表明，理事会人员配置需要精心策划，这不仅是组织能力提升的需要，也是强大理事会目标实现的保障。例如，我们发现，员工对理事会的工作支持越充分，理事会出现问题的概率越小，如出现会议没达到法定人数或理事会成员提前离会等问题。但我们还发现，随着员工工作时间的增加，理事会的培训次数也相应增加。这表明，员工对理事会的支持会有很高的投资回报。

第六章　CEO 如何评价理事会绩效

本章汇集了迄今为止所探索的治理实践，以测评 CEO 对理事会绩效的影响。本章要验证的核心命题是，理事会绩效受到多种因素的制约，既有组织外部环境因素，也包括有效治理实践在内的内部驱动因素。本章包括两部分内容：一是总结和梳理了 CEO 对理事会绩效评价的 20 项标准，二是探讨了与高绩效理事会联系最为密切的特征。我们将在本章中讨论关键结论及其内容。

在本研究中，CEO 的意见至关重要。许多研究发现都源自 CEO 和执行理事对理事会的绩效评价。这种做法在实践中是相当有效的；员工的看法要比理事会成员自我评估更为客观。但员工对理事会的评价也可能存在偏见，这取决于员工的态度以及自身利益。

我们非常看重 CEO 的意见，因为我们也希望了解他们的经历对其结论的影响。例如，《成功之道——协会运营的七大法则》打破了传统的观点，即当 CEO 是来自组织及其会员之外的社团专业人士时，他们的工作效率会更高。因为调查内容中包括员工的特质，所以我们不仅有机会验证这个命题，而且还可以了解 CEO 其他特征（培训、经验、任期）是如何对理事会绩效评价产生影响的。

第六章　CEO如何评价理事会绩效

> **主要发现**
> - CEO 认为，理事会通常都能尽职尽责。
> - 理事会在制定和执行绩效标准方面表现最差。
> - CEO 建议，理事会需要改进他们的倡导行为，改善与分支机构、会员和其他主要利益相关者之间的关系。
> - 理事会的培训和自我评估是富有成效的，决定采用什么样的自我评估工具并不重要，决定致力于开展自我评估才是更重要的。
> - CEO 认可战略驱动型的理事会，一个持续不断地进行战略研讨的理事会。
> - 理事会的高绩效不仅来源于理事会内部工作流程，还来源于组织的实力，以及 CEO 和员工的素质、经验和视野。

绩效测量标准

本书中用于测量理事会绩效的标准来源于多处。尽管并非所有的标准都曾被应用过，但它们都代表了对理事会期冀的智慧结晶。例如，《成功之道——协会运营的七大法则》指出理事会的价值在于凝聚会员，利用一切优势与利益相关群体进行沟通。此外，一些 CEO 通过认知访谈和预调研帮助我们开展这项研究，引导我们重点研究他们所认为的优秀理事会的首要目标：突出战略重点。

关于社团治理的文献明确提出对理事会额外的期望：为自己的行为承担法律责任（Green 和 Griesinger，2006）；与利益相关方建立良好关系（Chait、Holland 和 Taylor，1991）；避免与员工或理事会成员之间发生破坏性人际冲突（Bradshaw、Murray 和 Wolpin，1992）；有效履职（Miller，2002）。熟悉平衡计分卡模型的 CEO 也会认识到，打造学习和成长的氛围具有重要价值（Kaplan，2003）。理事会成员致力于提高他们的战略意识、鼓励开放的沟通、自我评估，以此营造这种氛围。尽管本书中没有阐述测量这些附加期望带来的次生效应，但拥有这些特征的理事会往往有助于组织实现附加目标。例如，能够撬动事会中的利益相关方代表的资源，提高合作绩效（Gazley、Chang 和 Bingham，2010）。通过对预调研对象的改进，我们在本次调研中提出了 20 个理事会绩效评价指标。

CEO 对理事会与利益相关方关系的评价

正如表 6.1 所示，CEO 总体上认为理事会成员在处理理事会与员工的关系和理事会内部关系方面表现最好。他们在理事会–分支机构和理事会–会员的关系处理方面最不成功，约有五分之一的 CEO 认为这方面有改进的余地。近一半的 CEO 还认为，理事会需要提高会员拓展能力（图 6.1）。一些社团专家认为，全国性组织的理事会关注地方分会的投资回报率并不高。但这表明，不管立场是什么，许多 CEO 都认为在处理与地方分会的关系方面其理事会没有什么建树。在本章下一节中，我们将研究组织的特征和性质，以便于理解理事会在会员关系和分支机构关系方面取得最大成功的路径。

	需要提高	满意	优秀
理事会与分支机构的关系	18%	52%	30%
理事会与会员的关系	19%	46%	35%
理事会成员间的关系	8%	36%	56%
理事会与员工关系	9%	32%	59%

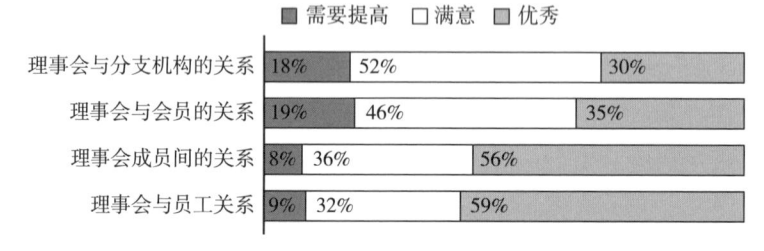

图 6.1　理事会与利益相关者的关系状态

根据你的判断，使用我们提供的标准来评估在过去两年里理事会与不同利益相关方的关系状态。说明：N 范围从 694 ~ 1541（统计频率已经删除没有回答和回答"不适用"的数据）。

第六章 CEO如何评价理事会绩效

CEO 对理事会绩效的评价

在评价理事会绩效的其他指标时，我们的研究结果发现，在 CEO 评价理事会工作效率方面，两组绩效指标评价结论之间存在差距。为了便于比较，我们将这些回答分为两幅图。图 6.2 显示了 5 个指标，其中超过一半的 CEO 给其理事会评为优秀。指标包括与理事会的管理职能和责任密切相关的活动，比如承担决策责任、避免利益冲突、打造公信力等。

指标	需要提高	满意	优秀
承担决策责任	15%	33%	52%
避免利己决策	15%	32%	53%
打造公信力	6%	42%	52%
资源管理	8%	32%	60%
共治	8%	29%	63%

图 6.2 理事会绩效评价中，得到最正面的评价

从整体上评估理事会，您如何评价理事会以下活动？（请注意，您可以选择"N/a= 不适用"来表示贵理事会没有此类活动。）

在其余 11 个指标上，如图 6.3 所示，不超过 31% 的 CEO 认为其理事会在所有绩效指标都优秀。总的来说，有 23% ~ 69% 的受访者认为其理事会在一个或多个方面需要改进。CEO 认为其理事会在制定和执行理事会绩效标准方面最为薄弱。

> CEO 认为理事会在制定和执行理事会绩效标准方面最为薄弱。

总而言之，CEO 认为理事会缺乏实现战略目标的能力和外部驱动的能力。

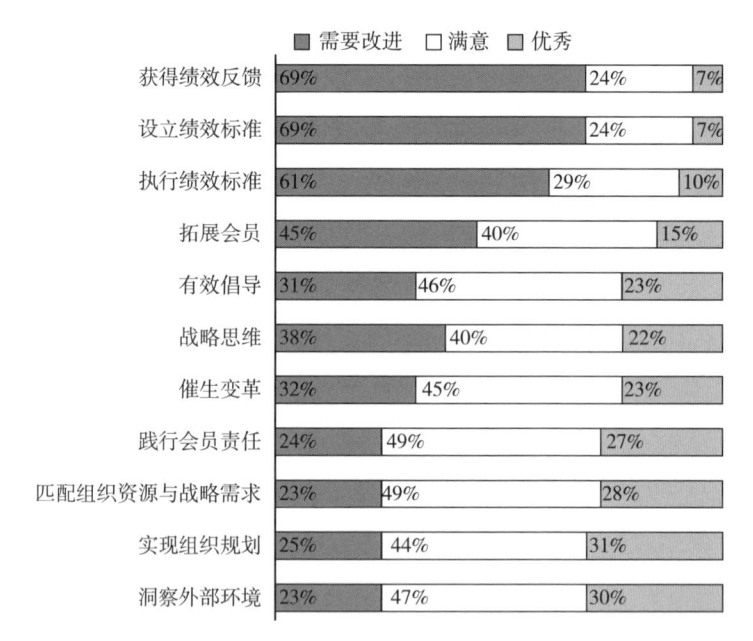

评价项目	需要改进	满意	优秀
获得绩效反馈	69%	24%	7%
设立绩效标准	69%	24%	7%
执行绩效标准	61%	29%	10%
拓展会员	45%	40%	15%
有效倡导	31%	46%	23%
战略思维	38%	40%	22%
催生变革	32%	45%	23%
践行会员责任	24%	49%	27%
匹配组织资源与战略需求	23%	49%	28%
实现组织规划	25%	44%	31%
洞察外部环境	23%	47%	30%

图 6.3　理事会绩效评价中，需要改进之处

从整体上评估理事会，你会如何评价理事会在下列活动的以往表现？（说明：你可以选择"N/a=不适用"来表示贵理事会没有此类活动。）

理事会绩效的基本观测维度

本研究列出了理事会绩效评价指标的清单，将指标分组以便理解它们之间的关系。治理专家观察到，理事会的绩效不仅仅体现在单一的维度上，这是因为理事会扮演着多重角色，如受托人、政治家、战略家和协调者等（参见Chait、Holland 和 Taylor，1991）。

在表 6.1 中，我们根据主成分分析（Principal Component Analysis）的结果列出了理事会的绩效指标[①]。用这种方法研究调查问卷中的相关性，并据此按主题分组。在这个绩效评价维度中，CEO 表达了对理事会成员的五大期望。第一个维度主要包括了与理事会管理职责相关的 7 个指标，例如期望理

---

① 基本要素的提取是基于相关性并采用方差最大旋转，以 70% 的方差解释作为分界点。

事会发挥组织资源管理者的作用、能避免利益冲突，能打造非营利组织公信力；第二个维度包括了有关理事会战略绩效的 7 个指标，包括理事会参与战略思考的能力和催生变革的能力；第三个维度反映了理事会实现自我问责的能力，包括自我评估和反馈；第四个维度反映了理事会为会员提供有效服务的能力；最后一个维度是理事会与分支机构的关系状态（注意不是所有参与调查的社团都有分支结构）。

表 6.1 理事会绩效的基本观测维度

管理职责
- 理事会与工作人员关系的整体状态
- 理事会成员间关系状态
- 组织资源管理
- 理事会愿意承担重大决策责任
- 基于组织利益而非个人利益决策的能力
- 理事会的合作氛围
- 打造非营利组织公信力

战略绩效
- 在战略思维非操作性思维方面的有效性
- 理事会政策参与和政策倡导
- 有效匹配组织资源与战略需求
- 催生变革
- 洞察组织外部环境，把握变化趋势
- 实现战略规划的能力

内部责任
- 制定理事会绩效标准的能力
- 理事会执行制定的绩效标准的行为记录
- 获得关键支持者对理事会绩效的反馈

会员关系
- 理事会与会员关系的总体状态
- 向会员负责
- 直接拓展会员与凝聚会员

分支机构关系
- 理事会与分支机构关系的总体状态（如有）

影响理事会绩效的多种因素

正如我们前面所讨论的,以及在第二章中所阐述的概念模型,相关研究清晰表明,理事会绩效取决于多种环境因素,包括组织类型(如纳税身份、地域范围、规模)、外部环境的性质(例如竞争状况、市场发展)以及内部环境(如稳定的人员配置和管理水平)。理事会绩效也取决于理事会如何自我管理。回归分析是了解这些因素之间关系的一种统计方法。因为组织绩效有时可以归功于组织更大的规模、更丰富的资源,这种分析方法有助于帮助读者理解组织内特定行为模式,不依赖组织的规模和其他组织能力的衡量标准。

下列表格使用普通最小二乘法和逻辑回归分析,左栏显示的是理事会绩效评估中大家所关注的结果(即因变量)。在表6.2中,我们控制了纳税身份变量。在表6.3及其后面表格,我们控制了组织的某些特征。"+"号表示组织特征和理事会绩效评估之间呈现正相关性且为显著相关,而"−"符号表示它们之间存在负相关性。发现了这种相关性,就此下结论仍为时过早,但它们确实能帮助我们识别高绩效理事会最可能具备的特征。

表6.2 环境因素:与外部动力相关的理事会绩效

	会员增长	预算增长	更多的会员竞争	国际性社团	组织年龄	预算规模
理事会成员离职过多					−	+
难以找到理事会成员	−	−	−	−	−	+
CEO对理事会绩效的总体评价	+	+		−		+

> **如何解读表格**
>
> 　　这些表是回归模型的简化阐释。由此可见在最上面一行列出的理事会特征（纵轴）是否会对左边一栏列出的任一绩效评价指标中"优秀"评级有影响（横轴），"+"号表示正相关，"-"号表示负相关。例如，在表6.3中，关于第一个绩效评估指标"理事会-员工关系总体状态"，可以得出这样的结论：随着"理事会规模"的增加，CEO们更有可能把其理事会-员工关系的状态评为优秀。"任期限制"也能增加CEO给理事会-员工关系优秀的评价，但是有"外部提名"和具有"多元化要求"的理事会在理事会-员工关系上被评为"优秀"的可能性非常小。在表格底部一行中，"+"或"-"表示理事会的这些特征和理事会整体绩效评价结果之间存在正或负相关性（通过对所有绩效指标的评价结果进行加总计算）。
>
> 　　每个绩效指标都是单独分析的，分析了理事会的所有特征，再加上虽然没有列出来但却是导致组织差异性的"控制变量"［预算的增长、会员人数的增加、员工规模、组织的历史、预算规模、501（C）（7）的纳税身份、国际地域分布］。所显示的全部关系都有统计学意义。

外部环境与理事会绩效

　　如表6.2所示，外部环境确实影响理事会绩效，这不仅体现在理事会必须努力发展会员，也体现在其CEO对理事会整体绩效的评价上。预算较多的组织在寻找理事会成员方面不太可能遇到困难，理事会整体绩效评价也会相应较高。但随着时间推移，这些社团似乎失去了找到所需人才的能力。竞争环境激烈的社团和拥有国际会员的社团面临更大的人才招募挑战。虽然

CEO 经常说很难找到合适的理事会成员，但他们总是给那些能带来会员增长的理事会更高的评价。

结构因素与理事会绩效

表 6.3 验证了在 CEO 的评价中，理事会的结构和规模对理事会绩效的影响。控制表 6.2 中所列出的外部变量，可以梳理出这些环境动态（没有显示控制变量的结果）。换句话说，这个问题变成了"在考量了会员增长和其他令人满意或不满意的组织环境因素之后，还有哪些理事会的结构相关因素能诠释理事会的高绩效？"

表 6.3 结构因素：理事会绩效与理事会规模、理事会成员遴选和结构相关

	理事会规模	任命理事会成员	外部提名	差额选举	筛选	多样性的要求	任期限制
岗位及职责							
理事会与员工关系的总体状态	+		−			−	+
理事会成员间关系的总体状态		−			+		+
组织资源管理			−		+		
对重大决策负责			−		+		
基于组织利益而不是个人利益做出决策的能力					+		
理事会合作氛围			−		+		
打造非营利组织公信力			−	−	+		
战略管理绩效							
在战略思维而非操作性思维方面的有效性					+	+	
理事会政策倡导与政策参与	+			+			

续表

	理事会规模	任命理事会成员	外部提名	差额选举	筛选	多样性的要求	任期限制
有效匹配组织资源和战略需求			−	+	+		
催生变革					+		+
洞察外部环境和变化趋势		−			+		
实现战略规划的能力					+		
内部责任							
制定理事会绩效标准的能力						+	
执行理事会制定的绩效标准							
获得关键支持者对理事会绩效的反馈	+						−
会员关系							
理事会与会员关系的总体状态		−					
对会员负责				+			
直接拓展会员与凝聚会员				−	+		
分支机构关系							
与分支机构关系的总体状态（如有）	+	−					
整体绩效评价	+	−		+	+		

管理水平与理事会绩效

表6.4显示了组织员工领导层的特点。我们关注三个因素：培训与经验，执行理事或CEO在理事会中扮演的角色，工作满意度。这里的问题是，"在会员的增长和其他令人满意或不满意的组织环境背景下，CEO会开展哪些工作来支持理事会的高绩效呢？"

表 6.4 管理水平：理事会绩效与 CEO 的特征相关

	经历					理事会职能		态度
	ASAE 会员	注册社团管理师	来自同一领域	社团专业背景	前理事会成员	CEO 任期	CEO 主持理事会	无表决权	离职计划
岗位职责									
理事会与员工关系的总体状态	+					+		—	—
理事会成员间关系的总体状态	+		+		+	+	+		—
组织资源管理						+	+		—
对重大决策负责				+					—
基于组织利益而不是个人利益做出决策的能力		+				+			—
理事会合作氛围	+					+	+		—
打造非营利组织公信力						+		—	—
战略管理绩效									
在战略思维而非操作性思维方面的有效性			+				+		
理事会政策倡导与政策参与				+			+		—

续表

	经历					理事会职能		态度
	ASAE会员	注册社团管理师	来自同一领域	社团专业背景	前理事会成员	CEO任期	CEO主持理事会	无表决权	离职计划
有效匹配组织资源和战略需求				+		+	+		-
催生变革									
洞察外部环境和变化趋势			+	+			+	-	-
实现战略规划的能力	+								
内部责任									
制定理事会绩效标准的能力				+					
执行理事会制定的绩效标准				+		-			
获得关键支持者对理事会绩效的反馈									
会员关系									
理事会与会员关系的总体状态						+			

续表

	经历				理事会职能		态度
	ASAE会员	注册社团管理师	来自同一领域	社团专业背景	前理事会成员	CEO任期	CEO主持理事会	无表决权	离职计划
对会员负责					+	+		—
直接拓展会员与凝聚会员				+	+	+		—
分支机构关系								
与分支机构关系的总体状态（如有）					+	+		—
整体绩效评价				+	+	+		—

我们的主要结论如下：

- ASAE会员资格和注册社团管理师认证给予CEO履职的支持虽然不多，但却大有裨益。
- 是聘请来自同一专业领域或行业的CEO，还是雇用受过社团管理培训的CEO？我们认为这两种类型的CEO都与较高的理事会绩效具有相关性——受过社团管理培训的略占优势。然而，更重要的影响因素是CEO的任期。
- 曾在理事会任职的CEO给理事会良好的员工—理事关系方面绩效评价较高，理事会任职经历似乎影响评价结果。
- 尽管这被认为是糟糕的治理模式，但很明显，一些CEO更喜欢在理事会中拥有投票权，并且在拥有投票权时对理事会的评价更高。
- 计划离开组织的CEO肯定会对理事会有诸多不满意之处。

员工能力与理事会绩效

表6.5说明了组织的人员配置对理事会绩效的影响不大，但很重要。有三个主要发现：

- 理事会的绩效取决于稳定、专业的人员配置。
- 人员结构的选择（如管理外包）比其稳定性更重要。
- 专职员工数量较多的理事会并没有利用员工的支持来提升理事会绩效。

表6.5　工作人员能力：理事会绩效与人员配置模式相关

	支持理事会的员工时间	管理咨询公司	志愿者团队	稳定的员工
岗位职责				
理事会与员工关系的总体状态			−	+
理事会成员间关系的总体状态			−	+
组织资源管理				+
对重大决策负责				+
基于组织利益而不是个人利益做出决策的能力	−			+
理事会合作氛围			−	+
打造非营利组织公信力				+
战略管理绩效				
在战略思维非操作性思维方面的有效性	−			
理事会政策倡导和政策参与				
有效匹配组织资源和战略需求			−	
催生变革				
洞察外部环境和变化趋势		+		+
实现战略规划的能力			−	+
内部责任				
制定理事会绩效标准的能力				+
执行理事会制定的绩效标准		+	−	
获得关键支持者对理事会绩效的反馈				
会员关系				
理事会与会员关系的总体状况	−			+
对会员负责			+	+
直接拓展会员与凝聚会员				

续表

	支持理事会的员工时间	管理咨询公司	志愿者团队	稳定的员工
分支机构关系				
与分支机构关系的总体状态（如有）				+
整体绩效评价（合计）			−	+

战略规划与理事会绩效

表6.6清楚地表明了战略思维和规划对理事会绩效的重要性：

·高绩效理事会有更强的战略驱动力。在战略思维和规划方面即使花费少许时间的理事会，也总比不花费时间的要优秀。

·更多的战略目标通常令理事会受益，不要仅仅聚焦理事会战略绩效的那几个观测维度。

·没有战略规划，要比选择由员工主导还是理事会主导，给理事会绩效带来的问题会更多。

·战略研讨与战略规划同样重要。

表6.6 理事会绩效与战略导向

	没有战略规划	员工主导的战略规划	理事会——员工联合制定战略规划	强战略驱动	中等战略驱动
岗位职责					
理事会与员工关系的总体状态		+	+	+	+
理事会成员间关系的总体状态		+	+	+	+
组织资源管理		+	+	+	+

续表

	没有战略规划	员工主导的战略规划	理事会——员工联合制定战略规划	强战略驱动	中等战略驱动
对重大决策负责				+	+
基于组织利益而不是个人利益做出决策的能力		+	+	+	+
理事会合作氛围	+	+	+	+	+
打造非营利组织公信力			+	+	+
战略管理绩效					
在战略规划而非操作思维方面的有效性	−			+	+
理事会政策倡导和政策参与				+	+
有效地匹配资源和战略需求	−			+	+
催生变革	−		+	+	+
洞察外部环境和变化趋势	−			+	+
实现战略规划的能力	−			+	+
内部责任					
制定理事会绩效标准的能力	−		+	+	+
执行理事会制定的绩效标准	−		+	+	+
获得关键支持者对理事会绩效的反馈				+	+
会员关系					
理事会与会员关系的总体状态		+		+	+
对会员负责				+	+
直接拓展会员与凝聚会员	−			+	+

续表

	没有战略规划	员工主导的战略规划	理事会——员工联合制定战略规划	强战略驱动	中等战略驱动
分支机构关系					
与分支机构关系的总体状态（如有）		+		+	+
整体绩效评价（合计）		+	+	+	+

理事会与学习型文化

在表 6.7 中，我们可以看到理事会自我评估和理事会培训活动的价值。我们的研究发现：

- 如果理事会不评估自己的绩效，CEO 给理事会内部问责方面的评价将会更低。

- 然而，令人惊讶的是，许多不开展自我评估的理事会似乎与员工、会员、分支机构之间保持着牢固的关系。可能是一些员工或理事会成员认为没有必要进行自我评估，并据此把不开展自我评估合理化。然而，正如研究结果所显示的，这些理事会可能没有意识到自我评估可以支持组织的战略驱动。

- 选择自我评估工具的重要性远远低于决定开展自我评估过程本身的重要性。事实上，无论是正式还是非正式的自我评估，都有利于提升理事会绩效。

- 比较任何从事培训活动的理事会和他们所开展培训的总量之间的关系，我们发现，有更充分理由去开展大量的培训活动。

表 6.7　理事会与学习型文化：理事会绩效与理事会培训和自我评估相关

	自我评估		理事会培训	
	没有自我评估	非正式讨论是一种自我评估方式	全然接纳任何理事会培训活动	理事会培训活动总量
岗位职责				
理事会与员工关系的总体状态	+	+		+
理事会成员间关系的总体状态	+	+		+
组织资源管理		+		+
对重大决策负责		+		+
基于组织利益而不是个人利益做出决策的能力		+		+
理事会合作氛围	+	+	+	+
打造非营利组织公信力		+	+	+
战略管理绩效				
在战略思维非操作性思维方面的有效性		+	+	+
理事会政策倡导和政策参与		+		+
有效匹配组织资源和战略需求		+		+
催生变革				
洞察外部环境和变化趋势		+		
实现战略规划的能力	−		+	+
内部责任				
制定理事会绩效标准的能力	−			
执行理事会制定的绩效标准	−			+
获得关键支持者对理事会绩效的反馈	−	+		+
会员关系				
理事会与会员关系的总体状态	+	+		+
对会员负责		+		+

续表

	自我评估		理事会培训	
	没有自我评估	非正式讨论是一种自我评估方式	全然接纳任何理事会培训活动	理事会培训活动总量
直接拓展会员与凝聚会员		+		+
分支机构关系				
与分支机构关系的总体状态（如有）	+	+	−	+
整体绩效评价	+	+	+	+

理事会结构相关发现

· 理事会规模有助于理事会绩效提升，为其提供支持，例如为理事会提供更多会员和凝聚会员利益相关方的能力，以此改善与会员和分支机构关系。

· 遴选理事会成员的方法很重要，外部任命和提名会妨碍理事会履职能力。

· 虽然主流观念是避免差额选举，因为它会产生赢家和输家。但研究结果表明，差额选举实际上有利于建立理事会与会员间的良好关系。

· 在选举之前对理事会成员候选人进行资格审查，是建立高绩效理事会的重要方法。

· 具有多样化和广泛代表性需求的理事会虽然在战略绩效和内部问责方面略有受益，但对理事会与员工的关系也提出了挑战。

· 限定任期有利于理事会的建设，但因此也可能无法给理事会更充足的时间听取对其自身绩效的反馈。

第七章 "有效治理"的典范

理事会是否满足了会员、社会公众和监管机构对有效治理的期望呢？本书的研究结论，既令人欢欣鼓舞，也令人忧心忡忡。

环境问题：社团规模庞大，充满多元性、复杂性。治理方式也会反映出这种多样性。一个组织的竞争环境、地域分布、复杂性和预算动态影响着理事会招募会员的能力，制约着理事会所依赖的员工队伍稳定性。承诺全身心投入理事会工作和具有必要技能的理事会成员都很受欢迎。

许多社团理事会都在践行学习型的文化：尽管在纳税身份和组织任务方面存有一定的差异，但大多数理事会都通过正式和非正式的方式大力投入理事会的培训工作。在管理好组织的规模、复杂性程度、地理位置等差异因素后，我们也发现理事会建设工作会赢得肯定。

许多理事会都积极履行受托责任：虽然没有找到100%可推荐的做法，但大多数理事会都坚持开展培训和理事会建设，并与工作人员和其他理事会成员建立良好的关系。大多数理事会都对决策负责，避免利益冲突，并成为优秀管理者，整合组织资源，获得公众的信任。

理事会应采用下列有效治理方式：大多数理事会在选举理事会成员前都会对理事候选人进行筛选，这种做法事关绩效，非常重要。任期限制、差额选举和理事会成员代表的多样性要求也是如此，不仅在理事会顺利换届纳新中发挥作用，而且也有助于实现组织的关键绩效目标。大多数理事会是基于效率的追求而不是组织的代表性需求来确定其规模的。社团应投入精力去健全理事会成员结构，统筹安排理事会会议时间以实现战略目标。

战略导向的理事会能获得诸多益处：许多专家都认为理事会要坚持战略导向，我们的研究结果显示，贯穿这一系列绩效指标体系中的战略导向意义重大。在 CEO 的绩效评价方面，没有参与战略规划的理事会与参与战略规划的理事会相比，存在着明显差异；而且我们还发现，当理事会积极参与战略规划而不是依赖员工主导制定规划时，其评价也会有小幅提升。我们的研究还发现，对理事会战略思维的关注会促使理事会在所有绩效指标评价中能确实获益，包括管理职责、问责和外部关系等。

有些理事会仍在采取不当举措：毫无疑问，理事会认为，为了体现理事会的代表性因而采用非选举性的方式任命理事会成员，但现在必须承认它会影响理事会的凝聚力和高绩效。此外，理事会的信息公开水平不够高。理事会成员有时不到岗出勤，导致召开理事会不能满足法定人数。一半的理事会还没有对自己的绩效进行评估。因此，他们在制定和执行绩标效准方面被执行层评价最低是合理的。许多理事会太过封闭，没有有效地进行会员拓展，表现在理事会与分支机构和会员之间没有建立密切的关系。

管理很重要——有时比我们想象的还重要：社团领导层的素质和经验非常重要。训练有素的专业人员给社团带来专业技能，令理事会成员从中获益。但是理事会必须认识到，当组织领导人希望主持理事会时，他们可能会提出更多的要求。而 CEO 为能力较弱的理事会提供额外支持时，也可能会最终导致与理事会的无效沟通。理事会必须认识到过于依赖员工对员工精神面貌和绩效都会带来的影响。

CEO 离职：我们发现 CEO 的离职计划与其对理事会差评之间有着紧密的联系，我们希望这一研究结果能足以警示理事会，提醒他们不仅要为自己的绩效负责，而且也要为员工工作满意度负责。一个没有能力的理事会会拖累员工，使员工工作更辛苦。

结论与展望

对于积极应对挑战并期望取得有效治理的组织来说，我们的研究如同一剂良方将帮助他们打造高绩效理事会：

- 强有力的战略驱动和文化
- 有效的选举和决策程序
- 不断学习和自我评估的组织文化
- 密切员工之间，以及员工与理事会成员之间的关系

无论你认为贵社团正在迈向高绩效的路上，还是已经实现高绩效目标，我们都建议把这本书作为秘书处管理层和理事会成员之间对话的起点。对于那些尚未积极参与制定和评估理事会绩效的组织，我们希望本研究能促使他们制定理事会绩效目标。有很多规划和评估工具都有利于实现有效治理，没有必要在此一一赘述。研究发现，理事会决定积极进行学习和开展自我评估，远比工具的选择更为重要。

这种自我评估能让我们更好地理解如何才能建立高绩效的理事会。一旦理事会理顺管理流程，或者至少朝着正确的方向发展，它就应该将注意力转向理事会与工作人员的关系上来。很明显，理事会不是在真空中运作的。本研究支持了这一观点，有确凿的证据表明一些理事会对员工的依赖远远超过了应有程度。专职工作员工，就像理事会一样，也必须掌握成功的工具。对于CEO来说，大部分的解决方案建立在理事会和员工之间的关系上。这种关系既要相互支持，能减少工作人员的流动，又要能适当加强而不是削弱社团的公信力。

我们要说的最后一个词，是关于"初心"：正如本书一开始所指出的，有效治理不仅涉及人员配备或组织能力，也涉及理事会是否愿意认真履职并

发挥作用。一个功能完善的理事会可能并不知道所有答案，但他们愿意投入精力找到这些答案，而且在学习的过程中对如何履职提出有价值的建议。从这个角度来看，旅程与其目的地同等重要。

附录 A　方法论

本书数据来源于对总部在美国的 1585 个社团的线上调查。这些受访者都是组织的主要工作人员（如执行理事或秘书处的 CEO 或理事长）。研究样本来自两大数据源：① 3867 个 ASAE 会员，指被归类为协会的组织，或其 CEO 是 ASAE 的会员；② 9524 个非 ASAE 会员的社团，从一个含有 21326 家组织的数据库中以分层随机抽样方式抽取。这个数据库是 ASAE 根据美国国税局 990 号表格建立的，包括总部设在美国的非营利性组织，这些组织在 2009 年提交了完整的 990 号表（不是 EZ 表），至少有一名专职工作人员，并有部分收入来自会费（900 号表Ⅷ.1.b）。

我们雇用了数据湖公司（Datalake Inc.），该公司是为国家慈善统计中心服务，负责收集主要工作人员的联系方式，包括姓名、电子邮件和地址，以及国家分类法的豁免实体（NTEE）的代码，还有来自美国国税局 990 号（IRS 990）表格的组织财务状况和程序数据。我们用这种方式采集的样本中大约有 30% 没有提供电子邮件地址。为了影响回应率，我们假设这些都是正常运行的组织，只是我们没能联系上而已，尽管有些组织可能已停止运作。

因此，本研究样本所代表的组织，全部是总部在美国的，无论是哪一种纳税身份，在国税局的记录中均显示为非营利性社团，且提交了990号表格，至少雇用了一名全职员工。这是一个比现有社团概念更为宽泛的界定，其优点是涵盖了为会员服务的各类组织，包括社交联谊俱乐部、艺术组织、学术团体、行业协会、体育俱乐部和其他为会员服务的团体。

本调查是在ASAE基金会治理工作组、印第安纳大学调查研究中心的两个外部治理专家以及印第安纳大学伦理审查委员会监督人类学研究项目（IUB Study#1207009078）的指导下开展的。开展了认知访谈和实地预调研后，本项调查于2012年11月启动，2013年2月结束。为了提高回收率，非营利组织的CEO先后收到了5封预先通知或提醒邮件，在他们完成调查时，可以立即获得当日已有问卷填答的摘要，而且我们还承诺，在调查结果公布后将发给他们一份执行摘要。为了增加样本的亚群体（例如小型组织）的回收率，我们还向没有及时回复的样本人群发送了一封提醒邮件。

最终问卷的回收率是12%，我们向13304个符合条件的组织（即总部在美国境内的独立实体，且不是其他组织的附属机构）发放了问卷。有效回收了1585份。在计算回收率之前，剔除了大量不完整的调查问卷。这个回收率计算是保守的，因为我们注意到，我们的样本中只有70%的人填写了联系方式。根据我们能够联系到的CEO数量，问卷回收率达到了16%。

为了保证结果的可靠性和有效性，本研究还采用了对非ASAE会员的分层随机抽样，抽样标准是纳税身份、支出状况、人口普查区域和NTEE对专业协会的分类。本研究根据这些特征对非ASAE会员进行了加权，以便使最终的回收样本能够反映原始样本。对于在ASAE会员中抽样的组织，我们对最后一组受访者进行了加权，以反映所有ASAE会员的组织类型（行业协会、以个人会员为主的专业/行业混合型社团、以公司会员为主的行业/专业混合型社团）、收入和人群特征。加权是允许研究人员在原始样本上拥有足够的信息基础，将填写问卷的样本与全部人群相匹配。假设这些组织特征与调查研究中所关注的特征高度相关，这种方法允许小型数据集产生可推广的结果。在这个前提下，研究结果能够代表美国所有会员服务型社团，总体误差率是2%~3%。在分析不同类型的组织如501(c)(3)条款下的组织、职业或专业协会以及国际组织时，我们只询问一组受访者。对于较少量的调查问卷，误差幅度将可能更大］。

在调查对象中，有四分之一的人曾担任过3年或时间更短的社团CEO，另有四分之一的人任职时间达6年以上。21%的受访者持有注册社团管理师（CAE）证书，12%持有其他社团管理资质。37%的人接受过社团管理专业培训，52%的受访者在其组织所服务的领域受过培训（14%的受访者称自己是既受过培训的社团管理专业人员，同时又是社团所处行业领域的代表者，熟悉行业发展情况）。95%的受访者是专职员工，其余的则是志愿者。当然，略超过半数的人（53%）都是ASAE的会员。

ASAE基金会研究委员会对本研究提供了监督指导，并参与了研究报告草稿审查，提出了修改建议。

附录 B 图表目录

第一章 有效治理的挑战：背景

图 1.1 理事会"系统"示意图 ···10

第二章 社团环境概览

表 2.1 CEO 培训和经历 ··12

表 2.2 CEO 离职意向 ···12

表 2.3 参加调查的组织状况 ··14

表 2.4 组织会员资格 ···14

表 2.5 组织的目标 ··15

表 2.6 纳税身份 ···16

图 2.1 会员工作单位 ···16

表 2.7 会员地域分布 ···17

表 2.8 会员发展的总体状况 ··18

表 2.9 财务预算增长的总体状况 ·······································19

表 2.10 会员与预算增长状况交叉列表 ·······························19

表 2.11 本领域或本行业会员之间的竞争程度 ······················19

表 2.12　组织人员配置 …………………………………………… 20

表 2.13　组织人员数量（全职） ………………………………… 21

图 2.2　员工骨干离职率 …………………………………………… 21

表 2.14　人员流失率（横向）与人员配置结构的关系（纵向）……… 22

第三章　理事会规模、结构和选举

图 3.1　有表决权的理事会成员数量（个） …………………… 26

表 3.1　多样化目标、限制条件对理事会成员的要求 ………… 28

表 3.2　理事会成员提名 …………………………………………… 29

表 3.3　理事会成员选举程序 …………………………………… 31

图 3.2　理事会差额选举 …………………………………………… 32

图 3.3　找到合格理事会成员的困难程度 ……………………… 33

表 3.4　难以找到合格理事会成员的受访者所期望的素质条件 …… 33

表 3.5　CEO 在理事会中的角色 ………………………………… 35

图 3.4　理事会成员任期有制度规定的比例 …………………… 37

表 3.6　理事会成员任期限制 …………………………………… 37

表 3.7　理事会成员流动率 ……………………………………… 39

表 3.8　员工流失率和理事会成员流动率的比较 ……………… 39

表 3.9　CEO 对理事会成员流动率与社团任期限制政策的评价对比 …… 40

第四章　理事会的运作规范和决策制定

表 4.1　理事会会议的频率 ……………………………………… 43

表 4.2　理事会全票通过的频率 ………………………………… 48

表 4.3　理事会的任务分配 ……………………………………… 48

表 4.4　理事会会议的时间安排 ………………………………… 49

表 4.5　组织战略规划管理水平 ………………………………… 51

第五章 "有效治理"实践

表 5.1　记录、跟踪或公开代表性目标和需求的措施 ·················· 55
图 5.1　实现组织代表性目标和需求 ·························· 55
表 5.2　理事会建设或培训资源的利用 ························ 60
表 5.3　理事会自我评估工具 ································ 61
表 5.4　理事会用于自我评估的指标 ·························· 61
表 5.5　CEO 和员工在支持理事会方面花费的时间 ················ 63

第六章　CEO 如何评价理事会绩效

图 6.1　理事会与利益相关者的关系状态 ························ 66
图 6.2　理事会绩效评价中，得到最正面的评价 ···················· 67
图 6.3　理事会绩效评价中，需要改进之处 ······················· 68
表 6.1　理事会绩效的基本观测维度 ···························· 69
表 6.2　环境因素：与外部动力相关的理事会绩效 ················ 70
表 6.3　结构因素：理事会绩效与理事会规模、理事会成员遴选和
　　　　结构相关 ··· 72
表 6.4　管理水平：理事会绩效与 CEO 的特征相关 ················ 74
表 6.5　工作人员能力：理事会绩效与人员配置模式相关 ············ 78
表 6.6　理事会绩效与战略导向 ······························ 79
表 6.7　理事会与学习型文化：理事会绩效与理事会培训
　　　　和自我评估相关 ····································· 82

参考文献

ASAE: The Center for Association Leadership. 2006, 2012.7 *Measures of Success: What Remarkable Associations Do that Others Dont*. Washington, DC: ASAE: The Center for Association Leadership.

Association Forum of Chicagoland. October 1, 2011. "Association Strategic Governance."From the web at www.associationforum.org.

Association Forum of Chicagoland. March 2012. "Fiduciary and Management Duties for the Association Executive and Governing Body." From the web at www.associationforum.org.

BoardSource. 2012a. *The Nonprofit Answer Book, 3rd ed*. San Francisco: Jossey-Bass.

BoardSource. 2012b. Nonprofit Governance Index 2012: CEO Survey of BoardSource Members. Washington, DC: BoardSource.

BoardSource. 2010a. *The Handbook of Nonprofit Governance*. San Francisco: Jossey-Bass.

BoardSource.2010b. *BoardSourceNonprofit Governance Index*.Washington, DC: BoardSource.

Bradshaw, Pat, Murray, Vic, and Wolpin, Jacob.1992. Do Nonprofit Boards Make a Difference? An Exploration of the Relationships Among Board Structure, Process, and Effectiveness. *Nonprofit and Voluntary Sector Quarterly*, 21（3）: 227–249.

参考文献

Brown, William A. Board Development Practicesand Competent Board Members: Implications for Performance. *Nonprofit Management and Leadership*, 17（3）: 301–317.

Brown, William A. Inclusive Governance Practices in Nonprofit Organizations and Implications for Practice. *Nonprofit Management and Leadership*, 12（4）: 369–385.

Carver, John. 1997. *Boards That Make a Difference, 2nd ed*. San Francisco: Jossey-Bass.

Chait, Richard P., Holland, Thomas P., and Taylor, Barbara E. 1991. *The Effective Board of Trustees*. New York: Macmillan.

Chait, Richard C. Holland, Thomas P., and Taylor, Barbara E. 1996.*Improving the Performance of Governing Boards.Phoenix*, AZ: Oryx Press.

Chait, Richard C., Ryan, William P., and Taylor, Barbara E. 2005. *Governance as Leadership: Reframing the Work of Nonprofit Boards*. Washington, DC: BoardSource.

Cornelius, Marla, Rick Moyers, and Jeanne Bell. 2011. *Daring to Lead 2011: A National Study of Nonprofit Executive Leadership*. San Francisco, CA: CompassPoint Nonprofit Services and the Meyer Foundation.

Cornforth, Christopher. 2011. Nonprofit Governance Research: Limitations of the Focus on Boards and Suggestions for New Directions. *Nonprofit and Voluntary Sector Quarterly*, 41（6）: 1116–1135.

Dignam, Monica and Tenuta, Rosemary. 2013. *Assessing Board Performance: An Analysis of ASAE-BoardSource Board Self-Assessment Results*.

Washington, DC: ASAE Foundation.

Engle, Mark. 2013. The Strategic Decision-Making Process of the Board and Its Impact on Decision Outcomes.Unpublished doctoral thesis, Case Western Reserve University.

Erhardt, Niclas L., Werbel, James D. and Shrader, Charles B. 2003.Board of Director Diversity and Firm Financial Performance. *Corporate Governance*, 11（2）:102–111.

Gazley, Beth, Chang, Won Kyung, and Bingham, Lisa Blomgren. 2010. Board Diversity, Stakeholder Representation and Collaborative Performance in Community Mediation Centers. *Public Administration Review*, 70（4）: 610–620.

Green, Jack C. and Griesinger, Donald W. 2006.Board Performance and Organizational Effectiveness in Nonprofit Social Services Organizations. *Nonprofit Management and Leadership*, 6（4）: 381–402.

Haynes, Wendy and Gazley, Beth. 2011. Professional Associations and Public Service: Do Associations Matter? In *The State of Public Administration: Issues, Problems, Challenges*, Donald Menzel and Harvey White（eds.）.

Armonk, NY: M.E. Sharpe.

Herman, Robert and Renz, David O. 1999.Theses on Organizational Effectiveness. *Nonprofit and Voluntary Sector Quarterly*, 28（2）: 107–126.

Herman, Robert and Renz, David O. 2008.Advancing Organizational Effectiveness Research and Theory: Nine theses. *Nonprofit Management and Leadership*, 18（4）:399–415.

Holland, Thomas P. and Jackson, Douglas K. 1998.Strengthening Board Performance. *Nonprofit Management and Leadership*, 9（2）: 121–134.

Kaplan, Robert S. 2003. Strategic Performance Measurement and Management in Nonprofit Organizations. *Nonprofit Management and Leadership*, 11（3）: 353–370.

Lakey, Berit, M., Hughes, Sandra R., and Flynn, Outi. 2004. *Governance Committee*. Washington, DC: BoardSource.

Laughlin, Fredric L., and Andringa, Robert C. 2007. *Good Governance for Nonprofits: Developing Principles and Policies for an Effective Board*. New York, NY: American Management Association.

Lichtsteiner, Hans, and Lutz, Vanessa.2012.Use of Self-Assessment by Nonprofit Organization Boards: The Swiss Case. *Nonprofit Management and Leadership*, 22（4）: 483–506.

Lipman, Frederick D., and Lipman, L. Keith. 2006. *Corporate Governance Practices: Strategies for Public, Private, and Not-for-profit Organizations*. Hoboken, NJ: Wiley.

Miller, Judith L. 2002. The board as a monitor of organizational activity: The Applicability of Agency Theory to Nonprofit Boards. *Nonprofit Management and Leadership*, 12（4）: 429–450.

Miller-Millesen, Judith L. 2003. Understanding the Behavior of Nonprofit Boards of Directors: A Theory-Based Approach. *Nonprofit and Voluntary Sector Quarterly*, 32（4）: 521–547.

Ostrower, Francie. 2007. *Nonprofit Governance in the United States: Findings on Performance and Accountability from the First National Representative Study*. Washington, DC: Urban Institute.

Ostrower, Francie and Stone, Melissa M. 2010. Moving Governance Research Forward: A Contingency-Based Framework and Data Application. *Nonprofit and Voluntary Sector Quarterly*, 39（5）: 901–924.

Panel on the Nonprofit Sector.2007. *Principles for Good Governance and Ethical Practice*. Washington, DC: Independent Sector. Available online at http://independent sector.org/principles_guide_summary.

Renz, David O. January 1, 2013. Reframing Governance Ⅱ. *Nonprofit Quarterly*. Online at http://www.nonprofitquarterly.org/governancevoice/21572-reframing-governance-2.html.

Rominiecki, Joe. January 2013. "Big or Small: Whats the Right Size for an Association Board?" *Associations Now*. Washington, DC: ASAE Center.

Tecker, Glenn H., Franckel, Jean S., and Meyer, Paul D. 2002. *The Will to Govern Well*. Washington, DC: American Society of Association Executives.

Tesdahl, D. Benson. 2010. *Better Bylaws: Creating Effective Rules for Your Nonprofit Board, 2nd ed*. Washington, DC: BoardSource.

Van Puyvelde, Stijn,Caers, Ralf, Du Bois, Cind, and Jegers, Marc. 2012. The Governance of Nonprofit Organizations: Integrating Agency Theory with Stakeholder and Stewardship Theories. *Nonprofit and Voluntary Sector Quarterly*, 41（3）: 431–451.

Von Schnurbein, Georg. 2009. Patterns of Governance Structures in Trade Associations and Unions. *Nonprofit Management and Leadership*, 20（1）: 97–115.

作者简介

贝斯·盖兹利（Beth Gazley），印第安纳大学布鲁明顿分校副教授，从事公共事务和慈善领域研究。

阿什利·鲍尔斯（Ashley Bowers），印第安纳大学调查研究中心主任，公共和环境事务学院助理教授。

感谢美国 ASAE 基金会对本研究的资助。